サミュエル・スマイルズ「現代的自助論」のヒント

大川隆法
Ryuho Okawa

まえがき

今の日本にとっても、あるいは、アジア、アフリカ、ヨーロッパ、南北アメリカにとっても、この「現代的自助論」は時代の要請だろう。

約八十億人の人口をかかえて、世界は岐路《きろ》に立っている。先進国で発展してきた社会福祉思想が、共産主義の代替思想《だいたいしそう》となって、全世界が、左寄りで「赤く」なっているのだ。それは、中国発・新型コロナウィルス感染症《かんせんしょう》が、世界地図上、赤く分布して広がっていくのと同じ感じである。

自助からの発展をなしとげた人間が次々と増えていかないと、地球の人口は、必ず「何か」によってブロックされて減少し始めるだろう。社会の半数以上が、精神的意味において「病人」になったら、もはや衰退《すいたい》しかないのである。こんな自明《じめい》の理《り》が分からなくなったなら、それが民主主義社会の終わりになるだろう。

二〇二〇年　二月二十九日

幸福《こうふく》の科学《かがく》グループ創始者兼総裁《そうししゃけんそうさい》　大川隆法《おおかわりゅうほう》

サミュエル・スマイルズ「現代的自助論」のヒント　目次

第1章　サミュエル・スマイルズ「現代的自助論」のヒント

二〇二〇年一月二十九日　収録
幸福の科学　特別説法堂《せっぽうどう》にて

第2章　サミュエル・スマイルズの霊言《れいげん》

二〇二〇年一月二十三日　収録
幸福の科学 特別説法堂にて

「霊言現象《れいげん》」とは、あの世の霊存在の言葉を語り下ろす現象のことをいう。これは高度な悟《さと》りを開いた者に特有のものであり、「霊媒現象《れいばい》」（トランス状態になって意識を失い、霊が一方的にしゃべる現象）とは異なる。外国人霊の霊言の場合には、霊言現象を行う者の言語中枢《ちゅうすう》から、必要な言葉を選び出し、日本語で語ることも可能である。

なお、「霊言」は、あくまでも霊人《れいじん》の意見であり、幸福の科学グループとしての見解と矛盾《むじゅん》する内容を含《ふく》む場合がある点、付記しておきたい。

第1章　サミュエル・スマイルズ「現代的自助論」のヒント

二〇二〇年一月二十九日　収録
幸福の科学　特別説法堂《せっぽうどう》にて

サミュエル・スマイルズ（一八一二～一九〇四）

イギリスの作家、医者。スコットランド生まれ。エディンバラで医者を開業したが、『スティーブンソン伝』をきっかけに伝記作家として世に知られる。一八五八年に出版された『自助論』は、明治維新《いしん》直後に、中村正直《なかむらまさなお》が『西国立志編《さいごくりっしへん》』として邦訳《ほうやく》、福沢諭吉《ふくざわゆきち》の『学問のすすめ』と共に百万部を超《こ》えるベストセラーとなり、当時の日本に大きな影響《えいきょう》を与《あた》えた。著書に『品行論』『倹約論《けんやくろん》』『義務論』『人生と労働』など。

［質問者五名は、それぞれA・B・C・D・Eと表記］

序　「自助論」を大切にする幸福の科学

幸福の科学は「自助論」が好きな宗教

大川隆法　今月（二〇二〇年一月）の二十三日に「スマイルズの霊言《れいげん》」（本書第2章参照）を収録したのですけれども、もう一つぐらい収録しておいたほうが本にまとめやすいので、しておこうかと思っております。

「自助論」が好きな宗教というのは、おかしいと言えばおかしいのです。宗教では、「神様、仏様にすがりなさい」と言うのがメジャーでして（笑）、「自助論を言ったら宗教が成り立たないじゃないか」と思うのが普通《ふつう》かと思います。

そのなかで、ある意味ではやや難しいテーマを秘《ひ》めつつ、当会は、やっているのかと思います。

また、幸福実現党なる政党もあることはあるのですが、なかなか勝てません。勝てない理由は、おそらく〝自助論の政党〟だからだろうと思います。自助論ではなくて、〝天から餅《もち》や飴《あめ》が降ってくる〟ようなことを言う政党なら、もっと票が入るのでしょうが、やや厳しいことを言うので、だから票が入らないのだろうと思っています。

でも、「これでなければ、先行き、国が丸ごと衰退《すいたい》していく」と、私は思っております。

当会でも、サミュエル・スマイルズの『自助論』を（同書を掲《かか》げる）、渡部昇一《わたなべしょういち》先生ありし日に、宮地久子《みやちひさこ》さんとの共訳の現代語訳で、上下二巻として出しています。

現代語訳ですが、これでもまだ、今の書店に出ている軽《かる》ーい本に比べれば、そうとう難しくて、スラスラとは読めないだろうと思います。名前を知らない人や知らな

『自助論—西国立志編—（上）』『同（下）』（サミュエル・スマイルズ 著／中村正直 訳／渡部昇一、宮地久子 現代語訳、共に幸福の科学出版刊）

い出来事がいっぱい細《こま》かく書いてあるので、スラーッとは読めず、一カ月や二カ月、〝転《ころ》がし〟ながら読み続けるぐらいの感じではないかと思います。

それから、もう少し分かりやすいものとして、スマイルズの霊言を二〇一四年に出しています。『現代の自助論を求めて』という本ですが（同書を掲げる）、軽い入門書ぐらいにはなると思います。

『現代の自助論を求めて』
（幸福の科学出版刊）

毎朝、『西国立志編《さいごくりっしへん》』を読み続けた新入社員時代

大川隆法　私自身も、いろいろと話したことはあるのですけれども、大学を卒業して会社に入った新入社員のころ、私は会社の寮《りょう》に住んでいました。
今は当会の所有物になっている千葉の「雌伏館《しふくかん》」は、会社の独身寮だった所を買い取ったものです。そこの四階の一室に住んでいたのです。

共同トイレでしたので、朝、出勤時間が近づくと混み合います。本を持ってトイレに入っていると、それが見つかるので、私は誰《だれ》も来ない時間帯を選んで入っていました。朝の五時ぐらいなら誰も入っていません。

その場で読んでいたのは、『自助論』の別訳ですが、中村正直《なかむらまさなお》さんが訳された『西国立志編《さいごくりっしへん》』です。明治時代に出されたもので、漢文の書き下《くだ》し文のような文章ですが、語注《ごちゅう》は付いていたと思います。五百ページぐらいはあったと思うのです。スラスラとは読めないので、毎日十分ぐらい読んで、繰《く》り返し繰り返し、何度も読んだ覚えがあります。赤線を引きながら読んでいました。入社一年目のころです。

朝一番に『西国立志編』、すなわち『自助論』を十分読んでから一日を始める男が、どうなったか。その後、もう四十年近くになりましたので、結果は、ある程度出ていると思うのです。

私には、『西国立志編』を読みながら、「これが嘘《うそ》か本当か、自分の体で実験しよう」と思っていたところもあるので、「このとおりのエートス（持続する精神）、精神的態度を持ち続けてやったら、どのようになるか」という〝実験〟を、自分でもってやっています。

社会に出ましたけれども、社会人になったところで、当時の初任給は十二万円少々で、何者でもない新入社員です。「そういう人が『自助論』を読み続け、そのエートスでもって仕事をやり続けたら、どうなるか」ということを、結局、四十年近く実験したら、今出ているような結果になっているので、「スマイルズの言っていることに嘘はなかったのではないか」と思います。

対象はいろいろと違《ちが》い、仕事が違っても、結果的には、このように大きな蓄積《ちくせき》をし、成果・功績をあげることができ、自分自身を高めることもできたかと思うのです。

実力主義の世界で、自助論を自分の身に試《ため》してみた

大川隆法　もし口幅《くちはば》ったく自慢談《じまんだん》的に聞こえるなら、申し訳ないと思うのですけれども、次のようなことも言っておきたいと思います。

東大法学部を卒業し、社会に出ている人は、普通は、（大学に）入った段階で勉強をやめる人も多いし、卒業した段階でやめる人も多いのです。卒業した段階で、「もういいや」という感じになる人や、出世コースに乗ったら、「もういいや」という感じになる人が多いわけですが、私は、そういうことは好きではなかったので、あえて、勉強をやめることはしませんでした。

また、「エスカレーター式に必ず偉《えら》くなれるようなところ」は嫌《きら》いなので避《さ》け、そういうところには行かないことにしましたし、「資格に護《まも》られて、そのまま一生やれるようなもの」も、自分としてはあまり好きではありませんでした。

むしろ、「実力がなければ成功できないような世界のほうがいい」と思って、ほ

かの人とは違うようなコース、ほかの人が行きたがらないようなところを選んだのです。

商社は実力主義なので、東大を出ていても〝窓際《まどぎわ》〟の人はゴロゴロしていて、いっぱいおりました。実際、仕事ができなければ終わりなのです。

だから、あえて、「学歴が効かない厳しいところ」に入りました。そして、自助論を自分の身に試《ため》してみたわけです。

自慢めいて聞こえるかもしれませんし、うちの息子《むすこ》のように、そう感じる人がいるので困るのですけれども、「『東大法学部』×《かける》『自助論』は、四十年後にはどうなるか」というのが〝私の実験〟で、（結果は）今出ているとおりです。

まだ、あともう少し頑張《がんば》るつもりでいるので、四十年が五十年、六十年になったら、どのようになるか、最後まで見ていただきたいと思います。

心を清め、極《きわ》めると同時に、頭脳を鍛《きた》えている幸福の科学

大川隆法　ですから、ある意味で、宗教的でない面もあるのです。宗教のなかには、「心を磨《みが》いたり清らかにする。ピューリファイする（浄化《じょうか》する）」という面が当然ありますが、一方、スマイルズ的なものというのは、「頭脳を鍛《きた》える」というところなのです。

やはり、頭脳を鍛えることで仕事ができるようになります。したがって、これも、近現代においては大きな力なのです。特に、実学の世界などはそうでしょう。頭脳を鍛えないとできない学問がほとんどです。

これは、「心を清め、極《きわ》めると同時に、頭脳を鍛えていったらどうなるか」という実験です。その〝両方〟をやっているのです。要するに、幸福の科学では、「実務」も「宗教的修行《しゅぎょう》」も同時に並行《へいこう》してやっているわけです。

そういう意味では、当会は変わっていると思います。ほかの宗教と変わらないよ

うに見えるかもしれませんが、おそらく、現実には違っているところがあるだろうと思うのです。

そうしたやり方というのは、一見、遠回りに見える面もあるものの、最終的にはよくなるのではないかと思っています。先ほども述べたように、棚《たな》ぼた式のことばかり言っていれば、評判を得ることはできるでしょうし、本当に、そういった宗教は多いのですが、あえて、勉強することや努力することの大切さを説き続けているわけです。

例えば、わが家でも五人の子供を育てましたが、やはり、同じ環境《かんきょう》でも、「自助の精神」の強い人ほど、今、能力が高く、使えているような気がしてなりません。片や、そうではなくて、王権神授説《おうけんしんじゅせつ》的に、「天から降ってきた自分は偉い、才能がある」などと思っているような人ほど、あとがよくない感じがします。したがって、そうした考え方の基本は、非常に大事なのではないかと思っています。

人に能力の差があったとしても、やはり何だかんだ言って、長く努力を続けていれば成功はするものだし、そういった可能性を認めなければ民主主義など成り立たないものだと思うのです。

そういう意味では、「中世的な身分制社会、階級社会を打ち破ったのはマルクス主義だけではなく、こうした『自助論』が階級社会を打ち破ったところもあるのではないか」と私は思っています。

以上を前置きとします。

「日常的な経験や職業的な経験から来る疑問」を訊《き》いてみたい

大川隆法　本書の話を聴《き》いたり、読者になったりする人は、本当に、偉人《いじん》ではなく普通の人たちだと思います。したがって、本日は、そうした人たちに〝偉人の卵〟になっていただくべく、ささやかな日常的な経験や職業的な経験から来る疑問をスマイルズさんに訊《き》いてみて、「現代的には、それに何と答えるか」、そのあたりを少し調べてみたいと思います。よろしくお願いします。

では、『自助論』をお書きになりましたサミュエル・スマイルズさん、明治以降の日本に多大な影響《えいきょう》を与《あた》えられましたサミュエル・スマイルズさんの霊をお呼びいたしまして、聴衆《ちょうしゅう》のいろいろな質問等にお答えくださいますようお願い申し上げます。

サミュエル・スマイルズの霊よ、サミュエル・スマイルズの霊よ。どうぞ、降りてきて、われわれの質問にお答えください。ありがとうございます。

（約五秒間の沈黙《ちんもく》）

サミュエル・スマイルズ　はい。

Q1 「現代的自助論」とは何か

質問者A　本日は、まことにありがとうございます。

スマイルズ様がお説きくださった『自助論』につきましては、現代においても、古典的名著として変わらず輝《かがや》きを放っています。

ただ、現代の環境《かんきょう》は、当時から考えますと、時代が下ったことによって、政治体制の変化やスマホの普及《ふきゅう》、ＡＩの台頭《たいとう》など、違《ちが》いとしてはかなり大きなものがあるかと思います。

そこで、今を生きる者に対して、「現代的自助論」とは何かということについて、改めてお説きいただければと思います。よろしくお願いいたします。

機械を使うことで「何でも持ち込《こ》み可の試験」のようになるのは問題

サミュエル・スマイルズ　機械類はどんどん進んでおりますので、その流れが、どちらかというと、「便利になって、労力がかからないように物事を進めていこう」という方向にはあるんだろうと思うんですね。まあ、それ自身は、人生の値打ちや、あるいは、一日の値打ちを上げるためには有用なものだと思います。

それで、気をつけるべきことはですね、そうしたヘルプフルな機械類が開発され、売られているけれども、それによって、「そういうものがない自分」よりも、「そういうものを使える、あるいは所有している自分」が、今世《こんぜ》、人生をこの世に持つに当たって、「『堕落《だらく》したり、後退したり、怠《なま》け者になったりする方向』には考えないように、〝努力〟しないように、そういうふうな使い方をしないように、気をつけたほうがよい」ということですよね。

例えば、「数学の問題を解く」というようなの、まあ、こんなの、「一時間かかって頭を鍛《きた》えながら答えを出す」っていうことは、無意味なようにも見えますがね。それが、簡単に、コンピュータを使って答えを出してくれるような機械を、子供たちが持てる日もあると思いますが、「ボタンを押《お》しただけで、そういうふうなものが出る」ということが、必ずしもいいかどうか。

あるいは、語学でも、「何カ国語も翻訳《ほんやく》してくれる機械も売っている」とのことですが、私は、その精度は知りませんけどね。どの程度の翻訳ができるのかは知らないけど、もし、それが、ずっと精度がよくなって、未来的機械になってね、「十カ国語でも二十カ国語でも、もう、それさえ押せば全部通じる」というようなものがあったとして……。

まあ、それが、より、その人の一日を高め、仕事を推《お》し進め、人類の富を増やし、未来社会を有利にするものになっていくなら反対はしませんが、個人の能力を、場合によっては落としていくものになることもありえるはずですよね。

これは、もうちょっと原始的なかたちで言えば、「試験に辞書持ち込《こ》み可」とか、うーん……、英語で言えば、「辞書持ち込み可」で、これで「単語の意味」だとか、「熟語の意味」とか、「英文和訳」をやるならかなり楽だろうし、数学で「計算機持ち込み可」だったら、そらあ、かなり楽ではありましょうね。

もっと言えば、「教科書も参考書も、何でも持ち込み可で解いてもいい」っていうのもあるかもしれないけど、もし、そういうものの短縮形《たんしゅくけい》みたいになっていくんだったら、ちょっと問題はあるかなと。

スマホや車の使用が、トータルで「魂《たましい》の磨《みが》き」になっているか

サミュエル・スマイルズ　あとは、検索《けんさく》機能でいろんなものを調べられるけど、それが、手間のかかる勉強とか、根気の要《い》る勉強等をできなくする方向にのみ働くのなら、ちょっと危険で……。

例えば、（『自助論――西国立志編《さいごくりっしへん》――（上）』『同（下）』を手に取って掲《かか》げながら）この『自助論』、この二冊を読むのでも、これは、先ほど言われたように、そうと

う根気は要ると思うんですね。根気は要るし、たぶん、一回読んだぐらいで、これ、マスターできるはずはないぐらい、情報は入っていると思います。

これを、例えば、そういったスマホで調べたら、「スマイルズ」とか「『自助論』」といえば、いちおう、ある程度の要約は出るとは思うけど、それで、（手元の資料を指して）こういうふうな簡単な解説等に使うのは、私は構わないと思うんです。

それは時間の節約になっていいと思うけれども、ただ、それで満足したら、『自助論』について、例えば、人前で説法《せっぽう》したり、講義したりするレベルまでは到達《とうたつ》しないのは、間違いないことですね。だから、〝手引き〟として使えるものはあってよいと思うけれども。そういうふうにしたほうがいいし……。

まあ、車なんかの普及だって、基本的に、気をつけないと運動不足になってね、体が弱っていく人は多いですよね。「お車による通勤ができるようになると体が弱って」とかいう人もいるから、別なところで体を鍛えなきゃいけなくなったりすることもありますわね。

だから、利便性のプラスの面も承知《しょうち》しながら、やっぱり、自分自身が堕落したり、体力や知力、気力、いろんなものが落ちていったりしないかどうか、このへんを常に考えて、トータルで自分自身の「魂《たましい》の磨《みが》き」になっているかどうかを考えていったらいい。

「流行に影響《えいきょう》されずに、普遍《ふへん》的に遺《のこ》っているものを学んでほしい」

サミュエル・スマイルズ　今、使っている機械類も、たぶん、もう二十年もすれば、全部新しいものに変わって、まったく違うものになっていくだろうと思うんですね。

そういう意味で、流行に影響《えいきょう》されるのもいいけれども、流行に影響されずに普遍《ふへん》的に遺《のこ》っているものを、常に心の片隅《かたすみ》に持ってなくてはいけない。例えば、二千年も三千年も遺っているような思想のなかには、大事な思想がありますからね。そういうものを、やっぱり勉強してほしいと思うんです。

まあ、先ほど、「宗教は、神様・仏様におすがりするのが普通でしょう」っていう話もありましたけれども、でも、例えば、「じゃあ、仏教、仏陀《ぶっだ》・釈尊《しゃくそん》はどうか」といったら、やっぱり、「自助論」はあっただろうと思うんですよね。少なくとも、六年間の苦行《くぎょう》はなさっているし、その後も修行《しゅぎょう》はしていると思う。

だから、「自助論」と言わずに「修行」と言うんだったら、「修行論は、なし」の仏教っていうのはありえないと私は思います。まあ、変化形としては、そういうものも、後世、出てはいると思うんですけどね。

だから、やっぱり、原点では「修行論」はあっただろうし、「王家の王子として生まれた」ということが、ストレートに宗教家になるのにプラスにはなっていないはずで、捨ててきたはずなんですね。いろんなものを捨てて捨ててして、修行してきたはずなんですね。

何でもかんでも手に入り、大勢の人がやってくれる環境のなかにあって、それを捨てて、野山のなかで修行された。たぶん、原点にはそういう自助論があって、それに一定のレベルが認められたときに、他力《たりき》が恩寵《おんちょう》として臨《のぞ》んだのではないかと思うんですね。

その意味では、仏教的には自助論は合っているのではないかと思う。それで、日本でも流行《はや》ったのではないかなあと、私は思っていますけどね。

機械類を使うときに気をつけるべきこと、知っておくべきこと

サミュエル・スマイルズ　ということで、便利なものはいっぱい出てきますが、すべて、物事には程度がございますのでね。

例えば、掃除機《そうじき》みたいなのがあるからといって、それをちょっと一部改造して、掃除機にね、虫を捕《と》らえる網《あみ》みたいなのを合成して、ホタルを掃除機で捕って歩いたら、たぶん風情《ふぜい》も何もないでしょう。そういうところがあるから、もし、自分の姿が、客観的に見てそんなふうになっているとしたら、多少は気をつけたほうがいいかもしれませんね。

それから、機械の使いすぎで、漢字も書けない人も増えていると思われますので

ね。まあ、このへん、自分を客観視しながらやっていくことは大事だろうと思いますよ。

私たちの時代に本を書くよりも、今、書くほうがすごく楽だろうとは思いますが、それでも、楽な分、失われているものも必ずあるはずですね。

要するに、その魂の力が、書かれている本にこもっていないところはあるはずで、それは知っておいたほうがいいと思いますね。

携帯《けいたい》電話で書いたような本とかも出ているけれども、やはり、「余韻《よいん》がない」、「味わいがない」、「魂の響《ひび》きがない」、そういうものはあると思うので。そういう、道具としての、ツールとしての機械類の便利さは、一定、使ってもいいが、それを超《こ》えたものは、やっぱり……。それで、もし、「時間の短縮」とか、「労力の短縮」ができるのなら、その分をもっとほかの有用なものに使っていって、「もう一段の成果をあげる」っていうような努力を心掛《こころが》けることが大事で。これは、十年後も二十年後も五十年後も、たぶん変わらないことだと思います。

だから、「自分を怠けさせるほう、堕落させる方向で使わないように」ということだけを注意しておれば、文明の変化に合わせて、必要なものは取り入れていっても構わないと思いますが、意外に、「無駄《むだ》だと思ったら捨てる」ということも大事かなと思いますね。

現代人の多くは、テレビや新聞、その他で、同じニュースを何度も何度も見たり聞いたりしてる場合もありますけど、時間を浪費《ろうひ》しているものもありましょうね。そのへんの、何て言うかなあ、「無駄なものを排除《はいじょ》して、大事なものに集中する時間っていうものも大事なんだ」っていうことは知っておいてほしいと思うし。

会社にも行かず、学校にも行かず、引き籠《こ》もって、家のなかでゲームばっかりやっているような子になってしまったら、社会では、〝富の製造〟ができなくなってくるだろうと思いますね。

そういうゲームをつくっている会社の売上だけは伸《の》びるかもしれないけれども、それ以外の世界では、まったく富が創造されない世界になると思うんで。

こうした、「個人を見る目」と、あるいは、「社会全体から見る目」と、両方、知っておいてほしいと思います。

Q2　「自助努力」と「自我力《じがりき》」の見分け方

質問者B　本日は、ありがとうございます。

私からは、「自助論」と「自我力《じがりき》」に関して質問させていただきます。

現代的努力ということで考えますと、やはり、「勉強において成果を出す」とか、「資格を取る」とか、あるいは、「仕事能力を高める」とか、そういったことに対して努力をしていくということが、主な内容になるのかと思います。

そういったなかで、自己中になってしまって、他人《たにん》の気持ちを考えなくなる人や、分からなくなる人が出たり、あるいは、この世的評価を求めるあまり、この世的になって、信仰《しんこう》から遠ざかるということもあるのではないかと思います。

そこで、自助努力の前提となるような、必要な精神性について、お教えいただけたら幸いです。よろしくお願いします。

「自助努力」と「自我力《じがりき》」の区別をつけるための視点

サミュエル・スマイルズ　まあ、西洋的には、「自我《じが》が目覚めてくる」ということは、「大人になること」というふうに捉《とら》えていることは多いので、必ずしも、それを悪いとは思ってはいないんだろうとは思うのですけどね。自我が目覚めて大人になってくれないと、親は、いつまでたっても手がかかるようになりますからねえ。それは、「独立した個人になること」は大事なことなんだろうとは思うのですが、まあ、要するに、中身の問題ですよね。

だから、独立した個人として一人前になること、大人になることや家庭を持つこととか、一生を通してやる仕事を持つようになることっていうのは、大事なことだろうと思います。「それは大事なことだ」と、いちおう認識はする必要はあると思います。

ただ、「その内容、中身について、それが適切であるのか」、あるいは、「その人が独立独行《どくりつどっこう》でやろうとしていることが、他の人との関係においてどういうふうに捉えられるのか」という問題だろうと思うんです。

非常に勉強をして、業務知識が豊富なお医者さんだって、ありがたいことではあろうし、業務知識の豊富な、例えば、料理人だって、それはありがたいことだと思います。

ただ、その人の性格、性質がどういうふうになるかは、ちょっと、それぞれ違《ちが》いますよね？　意地悪《いじわる》になることもあるし、天狗《てんぐ》になることもあるし。あるいは、他の人と協調してやることができたり、若い人を育てたりする能力を持つ人も出ることはある。

だから、このへんも、「トータルで見たら、仕事の大きな成功になるかどうか」と、やっぱり関係はしてくるだろうと思うんですね。

専門知識が非常に詰《つ》まって、よく仕事ができても、要するに、いわゆる職人気質《かたぎ》の範囲《はんい》から出ることができなくて、一人でしかできない仕事っていうのは、まあ、超人《ちょうじん》的に努力すれば、それも、突《つ》き抜《ぬ》けて、すごいところまで行く可能性はありますけれども。普通《ふつう》の場合は、「他の人と一緒《いっしょ》にやれない」、あるいは、「弟子《でし》や部下を育てられない」っていうようなかたちになることもあるので、結果的には、その仕事の最終的な評価と結びついてくると思うんですよ。

「自助努力と自我力《りき》とが区別がつかない」とか、「これが、ちょっと入れ替《か》わったり、影響《えいきょう》し合ったりして、困ることがあるんじゃないですか」という質問に対しては、それが違ったものと一体になっているならば、結果的に、「仕事の成果の判定」っていうか、「みんなの評価」として表れてくるんじゃないかと思います。

専門的な難しい勉強をするには、一定の期間、勉強を続けたり、籠《こ》もったりする必要もあります。そのときに、ほかの人がやってほしいことをやれないこともあるから、自己中に見えることはあると思います。

ただ、それが自己中でやっていることか、そうでないかは、「その後のその人が、どういう仕事をして、どういうことを志しているか」によって変わってくるだろうと思うんですね。

修行《しゅぎょう》期間中っていうのは、みな、だいたいそうで、先ほど言った、仏陀《ぶっだ》の六年間の難行《なんぎょう》・苦行《くぎょう》じゃありませんけど、自分が目覚めるまでの間の苦行っていうのは、やっぱり、ある意味では、それは自己中に見えることもあろうと思うんですよ。

両親とか、子供とか、家臣とか、そういうものをみんな捨てて、その修行に没頭《ぼっとう》しているわけですから、もう、自己中そのものでしょうけれども、それが「そのためのものなのか」、あるいは、「人類全体を救済しようという大きな志《こころざし》を持って励《はげ》んでいるのか」、これは、その途中《とちゅう》で、俗人《ぞくじん》にはちょっと分かりかねるところはあるとは思います。

逆《ぎゃく》に言えば、イエス・キリストみたいな人であれば、父親が大工《だいく》であったから、大工の仕事を手伝っていたはずですけど、おそらくは……、まあ、ある程度、腕《うで》のいい大工だという説も遺《のこ》ってはおりますが、大工として大を成《な》そうとして努力してたわけでは、たぶんなかろうと思うので。

まあ、そんなに腕が悪かったとは思いたくはないけれども、まあ、父親から見れば、うーん、どうも本気でないっていうか、職人として打ち込《こ》めていない大工のようなキリストに、少年時代、青年時代には見えたんではないかなあと思いますね。

おそらくは、フラッといなくなって、山で瞑想《めいそう》したり、間の時間に、昔の宗教の勉強をしたり、ほかの人の話を聴《き》きに行ったりするようなイエスであっただろうと思われるので、大工として見たら、あんまり熱心でなかったようには見えるかもしれませんけどね。

まあ、そういう意味で、トータルで見て、それがどうなるかは、人生、棺桶《かんおけ》の蓋《ふた》が閉《と》じるまでは分からないということですね。

「志《こころざし》」「努力の継続《けいぞく》」「成果とよい影響《えいきょう》」の三つのポイント

サミュエル・スマイルズ　ただ、十年間、何か一つのことをやり続けていてですね、何らかの頭角も出てこないってことは、普通はありえないことであるので。まったく才能のない世界に入っている場合は、ちょっと無理はあるとは思うんですけどねえ。数字を見ただけで恐怖症《きょうふしょう》が走るような方が、数学者を目指してやっても、それは、芽は出ないとは思いますが、ある程度、興味・関心のある分野で、十年間、身を粉《こ》にして努力し、働いた結果は、やっぱり、何らかの違ったものとして出てくる。

それが、どういうふうなかたちで成長して、周りの人に影響《えいきょう》を与《あた》えるかは、その結果によって全体は見られるということで、根本《こんぽん》は「志《こころざし》」だし、あとは、「努力の継続《けいぞく》」だし、最終的には、努力しただけっていうことでは駄目《だめ》で、やはり、「成果が、結果として、後々《のちのち》の人たちを潤《うるお》すものになるかどうか」と、まあ、この三カ点での点検が要《い》ると思うんですね。

だから、自助努力か自我力か分からない、普通は分からないときもあります。若い時代は特にそうです。

ただ、「志」、「努力の継続」、「その成果が多くの人々によい影響を与えたかどうか」、この三カ点を見れば分かりますね。

いちおう、そういうことを頭のなかでは知っておいて、そして、自分は何のために努力を今やっているのか、それを知ることが大事なのではないかと思います。

Q3　〝早く出来上がらない〟ための心構え

質問者C　本日は、尊い機会を賜《たまわ》り、ありがとうございます。

先ほどの質問と重複してしまうところもあるかと思うのですが、特に十代や二十代の若い人は、努力を重ねて実績を出すことによって、見返りを求めてしまうこともあるかと思います。

「これだけ頑張《がんば》ったから、こうしてほしい」という要求をしてくることもあるかと思うのですけれども、早く出来上がらずに、功名心や名誉心《めいよしん》と闘《たたか》うためのアドバイスを賜れれば幸いです。

大きな魚は深い淵《ふち》にいる

サミュエル・スマイルズ　まあ、結局は、それは、たぶん、仏教で言ってる「菩提《ぼだい》心《しん》」の問題なんだろうと思うんですが。うーん、「浅い悟《さと》りで満足できるかどうか」というのは、もう、それぞれの人の「全人格」と「今世《こんぜ》の使命」そのものに、全部が関係するものだろうと思います。

浅瀬《あさせ》を好む魚もいることはいるので、それを、あれこれとは言えませんが、大きな魚は浅瀬にはいないのが普通《ふつう》ですよね。大きな魚は深い淵《ふち》にいる。あるいは、深い海にいるのであって、浅瀬にはいませんよね。

浅瀬で、すぐ人に見えるところでいられるっていうのは、小魚《こざかな》しか普通はいないので。すぐに人に見られ、獲《と》られるようなところで満足できる人は、「それまでの人だ」と言うしかありませんね。

小魚で、たくさん同じようなものがいるから、自分が網《あみ》で獲られたり、釣《つ》りで釣られたりする可能性は、確率的には低かろうと思って、安心して群れているだろうと思います。群れることができる、小さな魚はね。

ただ、大きな魚は、群れることは難しいです。それは、大きな魚が群れていたら、たいへん目立ちますからね。そういうふうにはならないと思います。

すぐ出来上がってしまう人をどう思うかということですけれども、出来上がっている人は、やっぱり、浅瀬で、似たような小魚と群れていることが多いんだろうと思うんです。小魚のなかに群れていて、ほんの何センチかでも自分のほうが大きいと、すごく偉《えら》くなったような気になるということなんじゃないかと思うんですね。ほかのメダカが三、四センチしかないのに、自分だけ十センチもあったら、すごい大きな魚になったような気がして、〝威張《いば》っている〟状態なのかなあと思います。

それは、しかし、本物の大魚から見れば、実につまらない自慢《じまん》であるし、つまらないリーダーシップでもあろうし、つまらない自慢話にも終わるだろうと思うんですね。

ただ、ここは簡単なようで、結局、その人の人生そのものの意義や、今世の判定そのものにかかわるので、「あなたは、どこまでの自分を求めているのか」っていうことが大きいと思うんですね。

だから、「石油を掘《ほ》るためにどこまで穴を掘るか」というようなものだろうし、「金《きん》を掘り出すためにどこまで努力するか」っていう、あるいは、「ダイヤモンドを掘るためにどこまで努力するか」っていうことの問題かなあと思うんで。浅くして満足する人は、やっぱり、それなりの人として、だいたい評価としても出るであろうと思うんです。

これについて特別な教えが要《い》るとは、私は思ってはおりません。大多数の人は浅瀬で満足できる人たちです。しかし、浅瀬で満足できなくなって深みに下りていく者が、そのなかから出てくる。そのなかに、やはり、本当に大を成《な》す者は出てくるんだと思います。

人生のピークが来たと思ったときに、どう考えるべきか

サミュエル・スマイルズ　人生っていうのは厳しくて、「原因と結果の法則」とも言われておりますけれども。例えば、学生時代には一生懸命《いっしょうけんめい》やったから、成果は出て、優秀《ゆうしゅう》だと言われて、学校はいいところに行けて、就職もいいところに決まったぐらいのことが、何割かの可能性であるだろうとは思うんですけど。やっぱり、どっかで止まってしまう、ピークが来て止まってしまう人は、数多くいらっしゃるんですね。

だから、自分のピークが来たと思ったときに気をつけないといけなくて、「これがピークじゃないんだ」と、「もうちょっと先に目標を置かないと危ない」、あるいは「自分の成長をここで止めてはいけない」と思えるか思えないか、これが大きなものですね。

そのためにはどうかというと、やはり、自分よりも偉いと思う歴史上の人物はた

くさんいらっしゃると思うので、そういう人たちを一つの手本にして、「ああいう人から見れば、自分はまだまだ行き着くところまで行ってないなあ」ということを思えばいい。

例えば、本を書いて出して、ある程度売れたり生活できたら、それで満足の方もいらっしゃるし、現代的には文学賞がいろいろありますから、そういうものをもらえば、「もうこれで、自分は功成《こうな》り名を遂《と》げた」と思う方はいると思うんです。芥《あくた》川《がわ》賞だ、直木《なおき》賞だ、何とか賞だって取ったら、「もう作家として一流だ」と思って、満足できる方もいると思うんですけれども。

私の例を引いたら、非常に……、うーん、まあ、適切かどうかは分かりませんけれども、例えば、『自助論』（『西国立志編《さいごくりっしへん》』）が日本で訳されて、当時、明治で百万部以上売れて、「日本の国論が変わる」というか、「国民性が変わるような効果が出た」っていうようなことは、私にとってはとてもうれしいことですけれども。例えばそういうふうな、何て言うか、国の全体の気風というか「未来」ですよね。「国の未来が変わるような、そういう影響力《えいきょうりょく》を残したい」というような気持ちで、本を書いていれば、そんな簡単に満足できるものではなかろうと思います。

イギリスでも何十万部か私の本は出ましたが、やはり、「私の本が売れていた時代」と、そのあと急速に「売れなくなっていった時代」とがありますが、売れなくなっていった時代に、いわゆる「共産主義」とか「労働党の思想」とか、そういう「社会福祉《ふくし》の思想」が非常に強くなって。そちらのほうが優《すぐ》れていると思う人が多くなった時代に、私の本が売れなくなっていっているわけですが、それが、百年間の間で、イギリスの緩《ゆる》やかな没落《ぼつらく》に入っていっているということは、繰《く》り返し、あなたがたが教わっているとおりなのではないかというふうに思います。

自助論が衰退《すいたい》している日本への忠告

サミュエル・スマイルズ　だから、『自助論』には効果があると思います。

ただ、中国みたいなところでも、中国の南部とかでは、そうした自助論的な気風はあって、やっている人はだいぶいるんですが、まあ、でも、中国の場合の、何て言いますか、メンタリティーが、金儲《かねもう》け、にわか成金になるようなことを目指す風潮のほうが強いことは強くて、精神性が低いので、本当の意味での自助論にはなりえていない面もあるんじゃないかと思います。

アメリカにおいても同じようなところがあって、「どれだけ稼《かせ》ぐか」ということですねえ。何千億と言わず、兆のお金を稼ぐような方も出てくる。

まあ、自助論の結論がそういうことだけだったら、やっぱり、ちょっと寂《さみ》しいのかなあというふうには思いますので、精神的なものと両立した意味での自助論でなければいけないと思います。

ただ、日本では両方とも衰退《すいたい》……、「精神的な面」も、そうした「この世的な面」での成功も、両方がやや衰退している気配《けはい》が出てますので、もう一段、力強い動きを出さなきゃいけないと思います。

例えば、明治以降、最長政権の安倍《あべ》総理などは、おそらく『自助論』は読んでいらっしゃらないんではないかと、私は思います。やはり、〝王権神授説《おうけんしんじゅせつ》〟〝天孫降臨《てんそんこうりん》風〟の感じはありますね。血統カリスマとして、あとは、世渡《よわた》りの上手さ、コネの使い方のうまさ等で、けっこうやっていらっしゃるようには思うけれども。だんだんに、国民には、「もっと休め」と言い、「給料はもっと上げろ」と言い、そして、「社会福祉はもっともっとばら撒《ま》く」と言い、そして、「税金でまかなうから、もう自分らの老後のことは考えないでもいけるようにする」と言い、「学校に行くのも全部、国のほうでやる」と言い、まあ、〝イギリス病〟の勉強も、たぶんなされていないとは思いますが。北欧《ほくおう》の福祉国家、社会福祉国家が伝説的に理想に見えているんだろうと思うけれども、残念ながら、日本は今、「没落するか、まだ続くか」の分岐点《ぶんきてん》にいると思います。

ですから、幸福の科学は、そういう、何て言うか、自助論的発信は続けているけど、周りが聞く耳を持っていないですよね。自民党も野党も聞いていない。みんな、もう、福島の不幸や神戸《こうべ》の不幸や、そんなようなものを引きずって、そういうふうな災害対策風に、「国民を避難《ひなん》小屋に移して政府が面倒《めんどう》を見る」というような考え方のほうに、支持を集めているようなところがあります。これも、ある意味で信仰《しんこう》心《しん》のない姿で、この世的すぎるところだと、私は思っています。

だから、そういう被害《ひがい》に遭《あ》った方々が、一時的に避難小屋に、住宅に移って、政府の保護を受けることも大事と思うが、長くそういうものを受け続けるということは、やはり、人間としては恥《は》ずかしいことだという気持ちは持たなければ駄目《だめ》で。「どうにかして早く復活しなくちゃいけない」と、「まっとうな人間として仕事を取り戻《もど》して、そうして税金が納められるような自分にならなきゃいけない」と思わなければ、災害がもたらしたものが本当に〝マイナスにしか働いていない〟と思うし。国もまた、経済成長しない言い訳にそれを使うようになったら、お互《たが》いに〝傷のなめ合い〟というかたちになると思いますね。

だから、政府の上のほうの方も『自助論』は、もうお読みになっていないんじゃないでしょうかね。まあ、そのへん気になるところですね。

Q4　左翼《さよく》的な思想が流行《はや》っている今を見て思うこと

質問者D　今、すでに、少しお話に出ましたが、政治的な観点からも、自助論のことをお伺《うかが》いします。

スマイルズさんがお生まれになられたイギリス、あるいはヨーロッパでも、リベラルというか左翼《さよく》的な思想が非常に流行《はや》っています。例えば、ブレグジットの問題もありましたが、EUに反対する考え方の一つには、「EUのような大きな国家や政府を目指すことが間違《まちが》っている」という批判も強かったように思います。

また、アメリカの大統領選挙でも、特に民主党系のほうからは、富裕《ふゆう》税を主張するような極端《きょくたん》に左翼的な候補者が出てきたりしていて、全世界的に見ても、国家社会主義というか、そういう左翼系、リベラル系を目指すような考え方や思想が流行っているという現状があります。

端的に言うと、「税金を上げて社会保障に依存《いぞん》していくと、国民の自由がどんどんなくなり、国家社会主義の方向に行く」ということだと思います。こういった現状をご覧になって、『自助論』発刊から百年以上たった今、「どうするべきか」「どうあるべきか」ということや、また何か思うところがありましたら、お教えいただければと思います。

さまざまな意味を持つ「リベラル」

サミュエル・スマイルズ　「リベラル」ということ自体はですねえ、個人個人がインディペンデントであって、何て言うか、自分が人生の主人公として、独立独行《どくりつどっこう》で道を拓《ひら》いていくためには、あっていい思想ではあるんですよ。ただ、そのリベラルということが、向上を目指さない方向のリベラルもあるということですね。

だから、個人が努力して成功を収めていくためには、いろんな規制とか、古い階層システムとかはないほうがいいので、そうした古いシステムを反故《ほご》にしていく意味では、リベラルという思想はあってもいいと思うんです。

ただ、それが、何て言うか、先ほど言っていた方がいたような「自我力《じがりき》」というか、「自分中心主義」のほうに行く意味でのリベラルで、他人《たにん》のことにあんまり構わない方向に行くと、これは、人間として堕落《だらく》につながっていくし。

もう一つのリベラルは、「社会的奉仕《ほうし》」とか、あるいは「社会や会社、国家等の発展」なんかに関心を持たない意味でのリベラルであり、それになってしまうと、「同じパイの取り合い」のようなかたちになってしまって、望ましくないものもあるということですね。

だから、成功しようにも、もういろんなものでがんじがらめになっていて、規制でがんじがらめになっていて、どうにもならないというようなところには、リベラルの思想はあってもよいと思うんですが、「社会的義務や責任から逃《のが》れたい」、あるいは「道徳律から逃れたい」っていう意味でのリベラルのほうに走っていくと、国は衰退《すいたい》に向かうし、個人も堕落に向かうので、これはどちらにでも向く思想であろうと思うんですね。

「地球全体をよい方向に導きたい」という思想を持っているか

サミュエル・スマイルズ　高度福祉《ふくし》国家が、本当にこの世の理想であるなら、それも結構なんですが、彼らに、そうした「地球全体、世界全体をよい方向に導きたい」という思想を持っているのか、いないのかっていうことは、一つ問われることではあるんじゃないかなという気がするんです。

だから、EUみたいな統合もですね、EU自体が何か大きな情熱に燃えてですね、「世界の貧困を救うぞ」と、「アフリカの貧困、アジアの貧困、南米の貧困等を救って、犯罪を減らす。そのためにも、私たちは努力して手本も見せなきゃいけないし、彼らの教育もしなきゃいけない」みたいな、そういう大きな公的な気持ちを持ってEUが発展・繁栄《はんえい》しているならば、影響《えいきょう》を与《あた》えることはできると思います。

ただ、自分たちだけで、まあ、ある程度の金持ちたちがリッチに暮らしていけるようにだけ護《まも》ろうとしているような感じであれば、いずれ利己主義者が増えてくると思うんですね。だから、リベラルの思想が、〝川で自由に泳ぐ鯉《こい》〟ではなくって、〝池のなかで泳ぐ鯉〟の思想みたいになっていったら、それはいけないものだろうと思いますね。

それから、「相互扶助《そうごふじょ》の精神」も大事ではあるけれども、やっぱり、最後には〝離陸《りりく》〟しなきゃいけないときがあるので。滑走路《かっそうろ》を走っているものは、いずれ離陸しなきゃいけない。そのときには、やっぱり勇気は要《い》るので、そうしたアフリカの国を助けてもいいし、いろんなところを助けてもいいけれども、「援助《えんじょ》しつつ搾《さく》取《しゅ》するだけじゃ駄目《だめ》で、それが離陸していくためのことを考えてやらなくちゃいけないんだ」ということも知っていたほうがいいと思いますね。

「中国的発展」と「イギリスの独立」の気になるところ

サミュエル・スマイルズ　だから、中国的発展も、そこの国を「搾取していこう」としているのか、それとも、その国々を「中国の成功例をモデルとして、あなたがたもこういうふうに成功しなさい」という気持ちでやっているのか、このへんは気になるところではありますね。

ブレグジット、イギリスの独立というものも、成功するか失敗するかは、それはもう、どっちでもありえることだと私は思っています。

だから、イギリスの自助努力の精神を取り戻《もど》して、もう一段、自分たちの主体的な判断や意志や努力で、「イギリスをリーディング・カントリーとして偉大《いだい》につくり直す」ということが本当にやれるなら成功すると思うし、単に、「EUに加わって税金を余分に取られるのが嫌《いや》だから、自分たちの税金は自分たちで食い潰《つぶ》そう」というだけで、「EUのなかの貧しい国に取られるのが嫌で分離している」だけだったら、これはだんだん孤立《こりつ》していって、寂《さび》れていく、小国になっていく道を歩むだろうと思うんですね。

まあ、いずれにしてもそうで、システムというのは限界がありますので、最終的には、やっぱり「志《こころざし》」と、「そのなかで旗振《はたふ》りをしている人たちが何を考えているか」ということがとても大きいことなのではないかなあというふうに思います。

リベラルそのものが全部駄目というふうに、私は思いません。そういう〝くびき〟というか、新しい人たちが出てくるのを止めたり、新しい国が成長するのを止めるような、そういう鎖《くさり》になっているものがあるのであれば、リベラルの思想は有効だとは思うけれども。

まあ、それがどちらの方向に向かうかですね。だから、〝スペインの闘牛《とうぎゅう》の牛が一斉《いっせい》に何万頭も逃《に》げ出すような感じのリベラル〟だったら、それはたぶん、大変な被害《ひがい》が町には出ることになるでしょうけどね。

「偽善者《ぎぜんしゃ》としてのリベラル」を見分ける

サミュエル・スマイルズ　あとは、「偽善者《ぎぜんしゃ》としてのリベラル」もあると思うんです。アメリカ、特に西部のハリウッド系の人たちはリベラルが圧倒的《あっとう》に強いですが、自分たちは、実は成功して金を儲《もう》けて、セレブになっていて、大豪邸《だいごうてい》にいっぱい住んでいる。そういう大勢の庶民《しょみん》の人気で支えられて大金を儲けている。それで罪悪感は持っている。だから、リベラルを唱《とな》えて、反社会的……、いやいや、反国家的・権力的な姿勢を認め出すことで、プアな（貧しい）人たちの味方であるように見せることで、罪悪感から逃れている方々もいる。

現実に、プアな人々を助けるための行動をやっている方もいるから、それまで私は否定しないけど。そういうことは大事なことだと思うけど、セレブだとバレてしまうと、人気が落ちて自分たちの成功が維持《いじ》できなくなるので、〝ポーズ〟としてリベラルを取っている人たちもいっぱいいいて、このなかには偽善者がかなりいます。

このへんとの線引きは大事だと思いますね。

日本的に見れば、例えば、二宮尊徳《にのみやそんとく》的な人が、これがコンサーバティブ（保守的）かリベラルかといっても、そう簡単に分かることではありません。ただ、荒《あ》れ地を開墾《かいこん》して田畑に変えていったりして、藩《はん》の財政を立て直したり、農業を立て直したりするのは、個人の努力として見たらリベラルなんだけれども、システマティックに大きくなれば、リベラルではないものにもなるだろうとは思いますね。

要するに、成功の方程式を「個人のもの」として見るか、あるいは「組織的なもの」として見るかということでしょうね。

共産主義の共同体では、個人が努力しなくなる

サミュエル・スマイルズ　共産主義の理想も一部はいいものはあったけれども、組織的にやるもののなかに、やっぱり、だんだんに、何と言うか、まあ……、コルホーズ、ソフホーズとか、人民公社とか、そういうもののなかに、「他の人が働いて

くれるから、食べていけるだろう」みたいな、そういう共同体志向が出てくると、個人が努力しなくなってきますね。

だから、中国でも、もう今から四、五十年前ぐらい……、四十年ぐらい前ですかねえ。生産性が上がらないので、本当は人民公社に所属している田畑の一部ですね、十分の一ぐらいを個人に、農家の自営業の土地として与えたら、そこだけ農作物がやたらできるというような結果が出て、その理由が分からないと。「共産主義の理想から言うと分からない」ということで、学者たちも困っていたこともありますが。

今の北朝鮮《きたちょうせん》も同じことが言われていて、全体に貧しいですが、一部を私有地として認めたら、そこだけやたら果物とか農作物、あるいは畜産業《ちくさんぎょう》ですか。ああいう食べ物ですね。まあ、例えば、鶏《にわとり》だとかね、豚《ぶた》だとかね、そういうのがありますけど、私有地とか私有財産の一部を認めると、そこだけ生産性が上がってくるという現象が出てきている。

だから、EUも、もしですね、この共同体、二十カ国以上が共同することで、

「儲かっている国があるから、自分たちは何とかやっていける」と思っているようだと、共産主義と同じようになることもありえるし。次は、豊かな大国になっていると見て難民がいっぱい入ってくる……。イスラム圏《けん》から難民がいっぱい入ってくると、この移民問題、最初は〝いい格好〟して受け入れていたけど、だんだんに「大変なことだ」ということが分かってきて、ここでまた人種対立も起きてきつつあるので。

「個人の意欲」を持続させ、「国家の発展意欲」につなげる

サミュエル・スマイルズ　やっぱり、個人の意欲というものを、どう持続させるか。「個人の意欲」から「国家の正当な意味での発展意欲」につなげていくことが大事なんじゃないかと思います。

今の香港《ホンコン》の混乱等を見ても、結局、「中国本土に入ったら、香港の繁栄がなくなる」ということを香港の人たちは言いたいんだけど、北京《ペキン》政府下にはそれが分から

ない。「自分たちも成功しているところがあるから一緒《いっしょ》でいいじゃないか」と思っているけれども、香港の人たちは、「社会主義的な、そんな計画経済の成功というのは本物じゃない」というふうに感じているんだろうと思う。

これは、世界的な金融《きんゆう》都市になった彼らの経験から見て、あんなものは成功するはずがないということは分かる。「習近平《しゅうきんぺい》の知恵《ちえ》」によって香港の繁栄ができるわけではなくて、金融業等でしのぎを削《けず》って努力して、知恵を磨《みが》いて、才能を磨いた人たちが勝ち上がっていって繁栄をつくった、その自助論的な感じのものを知っているから、ここがぶつかっているんだと思うんですね。

まあ、こういう政治的なテーマはちょっといろんな難しい要素が多いので、一刀のもとに斬《き》ることは難しいと思っています。

ただ、「いろんな制約を破るという意味でのリベラル」はあってもいいけど、「偽善者のリベラル」や、あるいは、「国を衰退させる意味でのリベラル」には、私は賛成できないということは言っておきたいと思います。

Q5　自助論を受け入れられない人にどう伝えるか

質問者E　本日は尊い機会を賜《たまわ》り、まことにありがとうございます。私からは、「宗教的なニーズ」と「自助論」の両立についてお伺《うかが》いできればと思います。

現代の日本では、自助努力の精神を説くと、どうしても敬遠されがちでありまして、実際に伝道していくなかで、「そんなことを言われてもやる気が出ない」「頑張《がんば》っても現状はよくならない」などと言われることがあります。そういったネガティブな気持ちや諦《あきら》めの思いで、他力信仰《たりきしんこう》といいますか、宗教に救いを求めていて、自助論をあまりスッと受け入れられない人も多くいらっしゃると思います。

そうしたなかで、スマイルズ様ならどのようにして発想の転換《てんかん》を促《うなが》し、アプローチをしていかれますでしょうか。伝道のヒントをお教えいただければありがたいです。よろしくお願いいたします。

『自助論』がもたらした最大の成果とは

サミュエル・スマイルズ『自助論』の最大の成果はですね、これを読んで発奮《はっぷん》した人たちが、今までにない力を発揮し始めたということなんですよね。隣《となり》近所にいる普通《ふつう》の人たちが、『自助論』を読むことによって、家業を継《つ》ぐだけでなくて、もっと大きな成功を収めることができるようになった。

それは、大学に行ったからだけで起きたことではなくて、個人的にいろんな目的を持って努力していったら道が開けて、親の代、家業から見て、それよりははるかに……、まあ、例えば、一軒《けん》の家で宿屋をやっていた家に生まれた子供が、自助努力して研鑽《けんさん》を進めていくうちに、大きなホテルにしたとか、そういうようなことがいっぱい出てくるわけですよね。

そして、それは、別に偶然《ぐうぜん》でも何でもないことで、誰《だれ》にも可能性があるんだということです。

また、神様もまたですねえ、「各個人が、持って生まれた才能で全部決定されている」というように思うのではなくて、「才能よりも努力のほうがウエイトが重いんだ」と。「努力によって開けていく道があるんだ」と。

生まれ持っての遺伝子で全部決定しているような考え方は、現代医学にも多いけれども。それは、外見とか基本的な能力はありますが、人間は馬にはなれないし、馬は犬にはなれない。けれども、人間は人間の範囲《はんい》のなかで、いろんな生き方をして、姿が変わっていく余地はあるんだということですね。

今、女性だって、かなり自由になって、成功している人も増えてきていますけれども、「縛《しば》り」を解けば、そういう可能性は出てきますね。

「私の本のいちばんの力は『無名の菩薩《ぼさつ》』がたくさん出てくること」

サミュエル・スマイルズ　私の本のいちばんの力は、あなたがたの言葉で言えば、

「無名の菩薩《ぼさつ》」がたくさん出てくるということになるわけです。

たいていの現代人も刷り込《こ》みが多くて、生まれた家とか、あるいは才能とか、それから、二十歳《はたち》までにつくった学歴とか、こんなもので全部が決定しているように思う見方がとても多くあるように思うんですけれども、大川総裁が言っているように、「人生百年時代」ということを考えれば、やっぱり、どこからでも再出発は可能だし、「新しい能力」を身につけたり、「新しい知識」を身につけたり、「新しい経験」を身につけたりすることによって、新たなフィールドに出ることができるということを教えているんですね。

「自助論」っていうのを、まあ、軍事教練のような何か厳しいもの、「四十キロの荷物を背負って、向こうの山まで登れ」とかいうふうに思うと、大変なことだろうとは思うんだけれども、「自助論」っていうのを、「あなたが持っているもっとたくさんの可能性を試《ため》してみたらいかがですか。その可能性は、一定の努力の継続《けいぞく》のあとに花開いていくものですよ」ということを言いたいわけですね。だから、「『才能がない』とか、『能力がない』とか、あっさり諦めるな」ということを、たくさんの実例を引いて説明しているわけです。

だから、「そんな人がその家に生まれてくるはずはない」と、その人の才能から見て、そんなにほめられたものではなかった人が、発奮ということを通して……。まず発奮は要《い》りますね。発奮して、そして、努力を続けていくことで、成長していく。成長していくことで、今まで持っていなかったような視野を持ち、また技量を持ち、道を拓《ひら》いていくことができるということですよね。

「救われる側」ではなく、「救う側」の人間を数多くつくろうとしている

サミュエル・スマイルズ　医学だってどんどん進歩していると思いますが、ほかの学問領域だって進歩している。ただ、宗教とか、道徳とか、精神論の分野においては、必ずしも「進化している」とは言えない面もまだあることはあるので、やっぱり、「発奮し、努力を継続し、細切《こまぎ》れの時間も大切に、寸暇《すんか》を惜《お》しんで努力してい

った人が成功できるんだ」ということを示すことで、「救われる側」を数多くつくるのではなく、「救っていける側」の人間を多くつくろうとしているということ。まあ、幸福の科学も、そういうところはあると思います。

選挙なんかを通せば、「幾《いく》ら補助金をくれるのか」「老後の年金を幾らくれるのか」「医療費《いりょうひ》を幾ら安くしてくれるのか」、まあ、そういうことをしたところが票を取れるようになっているとは思うんだけれども。

老後の健康だって、十年前から努力すれば維持《いじ》することはできるけれども、不養生した者が病気になって、税金をたくさん投入しなければいけなくなって、そのために病院をいっぱい建てたり、老人ホームをいっぱい建てたりしなきゃいけない時間が長くなって、病気の時間が十年二十年と続いて、周りの人を吸い込み、国費を吸い込むようなかたちにもなっている。

これに対しては、やっぱり、「自分の体を鍛《きた》えていく」とか、「頭がボケないようにする」とか、まあ、いろいろありますよね。

六十歳《さい》ぐらいで定年退職の方はいっぱいいますけれども、そんなときにでも『自助論』とかを読んでいる人だったら、おそらく、道はまだ開ける可能性はあるし、六十歳を過ぎてから、例えば、散歩したりして体を鍛えていたら、七十歳でも病気をしていない可能性も高いのです。

人生が長くなった今、この世で努力の実りを残すことはできる

サミュエル・スマイルズ　私たちは唯物論《ゆいぶつろん》を説くつもりはないんだけれども、自助論の反対側にあるもののなかに、あの世の神様や仏様の世界や霊界《れいかい》の世界等がないものとして、人生をこの世限りと見たら、唯物的に、「この世的に幸福にならなければいけないから、結果を早く出してくれ。早く与《あた》えられた者が幸福になれるから」というものもかなりあるのね。

で、私の特徴《とくちょう》は、それは、宗教的には、「この世で努力した者が、この世で報《むく》われなくても来世《らいせ》では報われる」っていうのは、キリスト教でもそんな考えだけれ

ども、それだけではなくて、人生が長くなってきた今であれば、「この世での努力もまた、この世で、ある程度、実りを残すことはできるんだ」ということを、まあ、言いたいわけです。

今は、学ぶべきものがたくさんあるので、いつから始めても、今までにないものを身につけることができる。大学へ行くのは、別に、十八歳から二十二歳の人ばかりが学べるのではなくて、そんなもの、今は、学問の内容は何歳になったって学ぶことはできるので。

だから、どうか、「入り口よければ最後よし」みたいなことばかり考えるべきではないし、「自分たちだけが桃源郷《とうげんきょう》のなかでのんびりしていればいい」っていうふうに考えるべきでもなくて。

やっぱり、「自分を高めていくことの喜び」を忘れている人が多くなっているので。それを〝苦痛だ〟と思っているんでしょう。小学校、中学校、高校あたりで、勉強を一生懸命《いっしょうけんめい》やらされたので、それが苦痛だったから、それから解放されて、「あとは安楽の人生を送らせてくれ」みたいな考え方が長かったんだと思うけど、これが崩《くず》れてきたあたりから、日本社会は、未来が見えなくなってきているんだと思うんですね。

それは、そういう考え方に反対だっていう人はいると思うけれども、でも、おそらくは、いずれ、何年か、あるいは十年二十年の後《のち》に、そういうふうな考え方の人は、成功しないで暗い闇《やみ》のなかに閉《と》じ込められるか、他の人にたくさん迷惑《めいわく》をかけるような人生を生きたり、援助《えんじょ》を受けるような人生になるだろうと思うんです。

「無名の菩薩《ぼさつ》」がたくさん出てこそ、国は一定の繁栄期《はんえいき》を迎《むか》える

サミュエル・スマイルズ　「アリとキリギリス」みたいなことは、実際は起きると思うんですよ。

アリは、冬場のために、夏からせっせと餌《えさ》をためるけれども、キリギリスは、餌が豊富な夏は遊んで暮らして、冬になったら凍《こご》え死ぬということになっているけど。

まあ、「自助論」っていうのは、やっぱり、「アリ型の人生」であることは間違《まちが》いありません。実践《じっせん》しなければ分からないんですが、人の能力は伸《の》びるし、成果は積み重なるものだし、人助けも、一人助けたら、三人助けることも、五人助けることも、十人助けることもできるんだということですね。

ある人が、刻苦勉励《こっくべんれい》して川に橋を架《か》けることに成功したら、その橋は多くの人が後々まで使えるようになる。山をくり抜《ぬ》いてトンネルをつくることに成功したら、後々、多くの人たちが、そのトンネルを通して、山越《やまご》えしなくても行けるようになる。まあ、そういうことを、やっぱり、誰かがやっていかなきゃいけない。

新しい橋を架け、新しいトンネルをつくる仕事っていうのは、偉大《いだい》なことなんですよ。だから、自分に成果が全部返ってこなくても、ほかの人たちの喜びを自分の喜びとするような人間にならなきゃいけないんですよ。そういう「無名の菩薩《ぼさつ》」がたくさん出てきてこそ、国は一定の繁栄期《はんえいき》を迎《むか》えるんだということですね。

日本の繁栄が、バブル崩壊《ほうかい》以降、戻《もど》ってこないのは、やっぱり、この精神が一本入っていないからだと思います。今の政権では返ってこないし、宗教の多くも、現《げん》世《せ》利《り》益《やく》的なことしか説かないし、政権に入っている宗教政党も、おそらく、そこのなかに入っている信者たちに、この世的に有利になるような政策を取ったり、ばら撒《ま》いたりすることを目的にやっていると思う。

そういう考え方と違うものを持ったところが、「やっぱり努力して道を拓くことが、私は、日本の繁栄に必ずつながる」と思います。

ゴールデン・エイジは「楽々《らくらく》の時代」ではなく「難産《なんざん》の時代」

サミュエル・スマイルズ　二〇二〇年から「ゴールデン・エイジ」とか言われているけれども、それは、決して、「楽々《らくらく》の時代」ではなくて、本当に「難産《なんざん》の時代」だと思いますよ。「産みの苦しみ」を味わうことになるだろうけれども、努力して、その国民全体の精神的な態度を変えていく啓蒙《けいもう》運動を推《お》し進めていかなきゃいけない。

幸福の科学が、伝道等で行き詰《づ》まったり、壁《かべ》が破れなくなっているっていうことは、その啓蒙運動が進まないことを意味しているわけだから。内部にいる人も、おそらく、学校教育等を受けて、日本的な考え方にそうとう染まっているから、「その外側がつくっている枠組《わくぐ》みを当然だ」と考えている人がやっぱり多いんじゃないかと思いますね。

だけど、「冬になったら、みんな凍《こご》えて死んでしまいますよ」ということを、やっぱり言わなきゃいけないんで。まあ、すぐに結果が出るようなものばかりに走らない。目先のものに走らずに、根本的なところから努力して道を拓いていくことが大事だと思いますね。

今、困難を感じているっていうことは、それだけ「やりがいがある」ということだと思います。

明治維新でいったん成し遂《と》げたことを、もう一回やり直さなければ、未来は築けないということだし、私たちの願いは、日本で、そうした〝新しい啓蒙の時代〟が始まることで、アジア圏《けん》やアフリカ圏、南米圏をも含《ふく》めて、〝新しい教師が出現〟し、彼らを導くことだし、没落《ぼつらく》していこうとしている西洋社会をも、〝もう一回、元気を取り戻す〟ことにもなってもらいたいというふうに思っています。

「自助論からの発展」を実体験する人の数を増やしてほしい

サミュエル・スマイルズ　まあ、現状は、何もしなければ何も動かないし、放置すれば後退していくものかもしれません。一生懸命やって現状維持なのかもしれませんが、ただ、それを実体験としてまだ実感していない方が多いと思うので、どうか、「自助論からの発展」を実体験する人の数を増やしていってください。

一方では、奇跡《きせき》が起きたりすることもありますけれども、幸福の科学では、自助論的なものを先に置いて、そういう人間を多くつくるように努力しています。今、奇跡等で、その裾野《すその》のほうも広げようとはしていると思うんですけれども、神様が人間の魂《たましい》を創られて、地上で魂修行《しゅぎょう》をさせている意味をよくよくお考えくだされば、「そうした〝目覚めた人〟を一人でも多くつくるということが、地上ユートピアの建設につながることなんだ」と知ってもらいたいと思います。

第2章　サミュエル・スマイルズの霊言《れいげん》

二〇二〇年一月二十三日　収録

幸福の科学　特別説法堂《せっぽうどう》にて

〈二〇二〇年一月二十三日「サミュエル・スマイルズの霊言《れいげん》」収録の背景〉

本霊言収録の五日前に、十六世紀の英国王室に関連する霊言として、「アン・ブーリンの霊言」「ヘンリー八世の霊言」「メアリー・ブーリンの霊言」「エリザベス一世の霊言」を収録。各霊人《れいじん》が当時の状況《じょうきょう》や、現在の霊的状況、転生《てんしょう》について語った。その内容をさらに探究するために、イギリス人の高級霊サミュエル・スマイルズが招霊《しょうれい》された。

質問者

神武《じんむ》桜子《さくらこ》（幸福の科学常務理事 兼《けん》 宗務《しゅうむ》本部第一秘書局長）

大川《おおかわ》紫央《しお》（幸福の科学総裁補佐《ほさ》）

［質問順。役職は収録時点のもの］

1　英国国教会の霊的《れいてき》真相を探《さぐ》る

スマイルズに「ヘンリー八世の霊言《れいげん》」等に関する見解を求める

大川隆法　サミュエル・スマイルズ、サミュエル・スマイルズさん、サミュエル・スマイルズさん、昨日《きのう》から考えていたから来られるでしょう？　サミュエル・スマイルズさん、サミュエル・スマイルズさん、霊査《れいさ》に協力をお願いします。

サミュエル・スマイルズさん。

（約十秒間の沈黙《ちんもく》）

サミュエル・スマイルズ　スマイルズです。

神武　こんにちは。

サミュエル・スマイルズ　こんにちは。

神武　いつもご指導くださり、ありがとうございます。

サミュエル・スマイルズ　はい。

神武　イギリス国教会について研究しているんですけれども……。

サミュエル・スマイルズ　はい。

神武　先日、二〇二〇年一月十八日に収録された「ヘンリー八世の霊言《れいげん》」では、ヘンリー八世は無間地獄《むけんじごく》のような所に堕《お》ちていて、自分が死んでいるのも分かっておらず……。

サミュエル・スマイルズ　それでいいんじゃないですか。うん。

大川紫央　真実と合っていると思われますか。

サミュエル・スマイルズ　合っていると思いますよ。

神武　「アン・ブーリンは、今、天国か地獄か」ということについて、何かご存じのことはありますか。

●無間地獄　間違った思想で多くの人を惑わせ、狂わせた、思想家や宗教家、政治家、経営者などが行く、最下層の地獄。他の霊に悪影響を及ぼさないように隔離された、孤独な監獄のような世界。

サミュエル・スマイルズ　（舌打ち）まあ、一般《いっぱん》的には地獄でしょうねえ、どう考えても。

大川紫央　いろいろなことを勉強するほど、「暗いな」という感じはありますね。

サミュエル・スマイルズ　天国にそんな〝輝《かがや》いて〟いてはいけないでしょうねえ。

大川紫央　「国王でもカトリックだと離婚《りこん》ができない」というのは……。「離婚でき

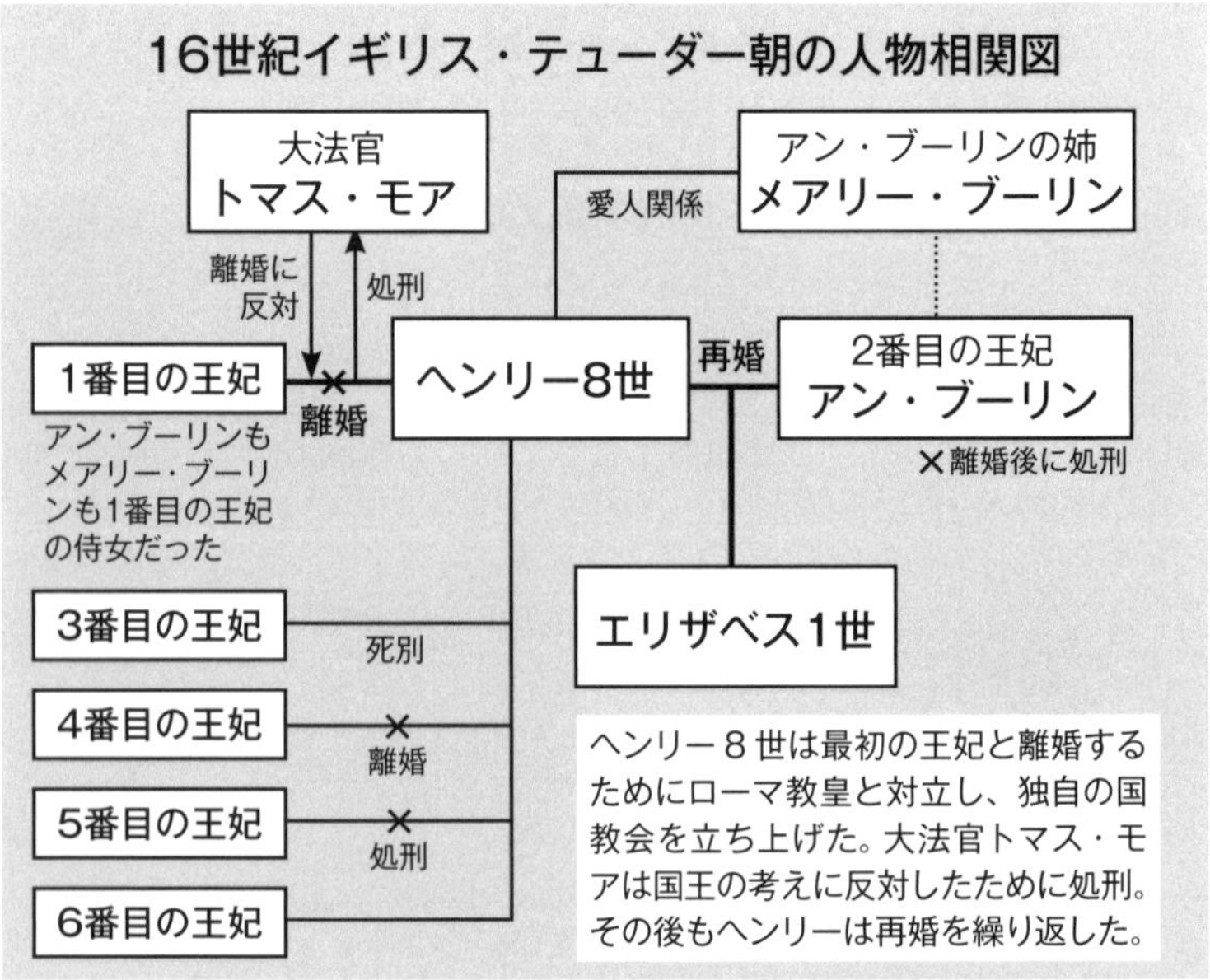

なくて地獄が広がることもあるので、そこから、一つ脱《だっ》する道ができるのも、歴史の必然ではあるのかな」という気もしますけど。

サミュエル・スマイルズ　ヘンリー八世は、すごい欲深い王様ではあるけれども、アン・ブーリンは、さらに、ずる賢《がしこ》い狐《きつね》のような感じの女性だと思うんですよね。本当にずる賢い。

大川紫央　そうですねえ。

サミュエル・スマイルズ　賢いのは賢いが、「ずるい」が付くんですよね。

大川紫央　確実に計算して、離婚させて……。

サミュエル・スマイルズ　計算高い。

大川紫央　自分が王妃《おうひ》になろうとはしていますよね。

サミュエル・スマイルズ　駆《か》け引きが好き。

一般的な考えでは、ヘンリー八世はそういうこと（地獄に堕ちている）でしょうけど、「アン・ブーリンが天国に還《かえ》っている」というのは……。そう簡単に納得《なっとく》はいくかなあ。

自助論は「各人が光り輝《かがや》け」という考え方

サミュエル・スマイルズ　だからねえ、自助論を説いた私たちは、「民主主義的な政体をつくるためには、自助論が必要だ」ということで、「各人がもうちょっと光り輝《かがや》け」っていう考え方なんです。

考え方としては対立的なもので、「ユートピアは王様がつくるもんじゃなくて、そのなかにいる人たちが勤勉に努力し、理想に燃え、神の子として切磋琢磨《せっさたくま》することによって出来上がるものだ」っていう考えですよね。

大川紫央　処刑《しょけい》されたトマス・モア様も、二〇二〇年一月十五日に収録された「トマス・モアの霊言」をお伺《うかが》いしていると、そちらの考えに近いことはおっしゃっていました。

サミュエル・スマイルズ　ええ、ええ。地位はもうちょっとありましたけどね。地位、身分はありましたけどねえ。

スマイルズから見た英国国教会は〝ゾンビの館《やかた》〟

大川紫央　英国国教会については、咲也加《さやか》さんの著書『大川咲也加の文学のすすめ

～世界文学編～』にも、大川隆法総裁先生が探究してくださった部分が一部ありましたし、ダイアナ妃の霊にもお伺いしたのですが、なかなか英国国教会では救われなくて、「ウェストミンスター寺院の下で眠《ねむ》っているだけです」という方が多かったイメージしかなくて……。

サミュエル・スマイルズ　はあー（ため息）。

大川紫央　英国国教会は、スマイルズ様から見て、どのように見えるのでしょうか。

サミュエル・スマイルズ　それは〝ゾンビの館《やかた》〟なんじゃないですかねえ。

『ダイアナ元皇太子妃のスピリチュアル・メッセージ』（幸福の科学出版刊）

『大川咲也加の文学のすすめ～世界文学編～（上）』『同（下）』（大川咲也加著、共に幸福の科学出版刊）

大川紫央　うーん。

サミュエル・スマイルズ　死んだことも分からずに、〝ミイラ〟に取り憑《つ》いている人が多いんじゃないですかねえ。

神武　イエス様の光は届かないのでしょうか。

サミュエル・スマイルズ　うーん。個人個人で信仰心《しんこうしん》のある人には届いている可能性はありますが、「教会を通して」とは必ずしも言えないかもしれませんね。

神武　なるほど。

大川紫央　「その設立の過程において、国王たちの、権力へのいろいろな思いから来る『人間的なもの』でつくられたところが大きい」ということですか。

サミュエル・スマイルズ　うん。ああ。でも、今のEUからの離脱なんかも、英国国教会をつくる感じと似たようなものはあるかもしれませんけどねえ。そういう、「自分たちの権力を自分たちで持ちたい」っていうことと近いは近いかなあ。ちょっと、そういうところはあるかもね。ほかのものに牛耳《ぎゅうじ》られるのは好きじゃない。そういう「島国根性《こんじょう》」ってあるんですよね。

神武　なるほど。

サミュエル・スマイルズ　「バイキング魂」っていうのかもしれないけれども。

神武　「バチカンに支配されたくないから」という……。

サミュエル・スマイルズ　そうそうそう、そうそう。それはある。だって、いちいちそこに認可をもらうの、嫌《いや》ですよねえ。
ただ、「これが、今の習近平《しゅうきんぺい》みたいなのと一緒《いっしょ》か、一緒でないか」っていう判定のところは厳しいですよね。

エリザベス一世は、日本で言うと「国づくりの女帝《じょてい》・持統《じとう》天皇」

大川紫央　エリザベスさんのときも、バイキング（海賊《かいぞく》）が公認され、他国から、そのバイキングによって……。

サミュエル・スマイルズ　〝略奪《りゃくだつ》経営〟。

大川紫央　「略奪によって獲《と》る」というのも認められ、それで財宝を集めていたところもあるのですよね。それがイギリスのゴールデン・エイジ……。

サミュエル・スマイルズ　まあ、「ゴールデン・エイジ」ですよ。一六〇〇年前後にゴールデン・エイジが来ているとは思いますが、それとバイキングの時代が、ちょっとまだ雑居《ざっきょ》しているような……。だから、非常に野蛮《やばん》な国であったのから、近代国家になろうとしている時期であったことは間違《まちが》いないですけどねえ。でも、「近代国家」になる前の「封建時代《ほうけんじだい》」かなあ。

神武　エリザベス一世は、どのような方だと思いますか。

サミュエル・スマイルズ　うーん。（約五秒間の沈黙）エリザベス一世が地獄に堕ちていると思っている人は少ないんじゃないですかねえ。

大川紫央　うんうん。そうですよね。

サミュエル・スマイルズ　客観的にそう思う。「ある程度、国の力を高めた」と思ってる人が多いんじゃないでしょうかねえ。

日本で言えば、どのくらいかねえ。うーん。日本で言うと、どのくらい……。うーん。（約十秒間の沈黙）うーん。まあ、「国づくりの女帝《じょてい》」のあのあたりぐらいの感じですかねえ。ええ。『古事記《こじき》』『日本書紀《にほんしょき》』等も編纂《へんさん》した……。

大川紫央　持統《じとう》天皇。

サミュエル・スマイルズ　まあ、あんなような感じかなあ。あれで、いちおう奈良《なら》朝《ちょう》がまあまあ固まって、あと、今の国体が固まったんじゃないですかねえ。

大川紫央　当時、イギリス初の奴隷《どれい》貿易も始まり、イギリスだけではなく、ヨーロッパ自体が大航海時代となり、いろいろと植民地主義を展開していくのですけど。

サミュエル・スマイルズ　うーん。（約五秒間の沈黙）確かに、十六世紀ぐらいから二十世紀ぐらいまで、大英帝国は、だんだんと発展していく、世界の主流であったことは、そうではありましょうからねえ。

2　イギリスに責任を持つチャーチル

「私の考えに非常に近い幸福の科学と、何らかの縁《えん》を持ちたい」

大川紫央　イギリスの繁栄《はんえい》も、何か力が働いていたのだろうとは思うのですけれども。

サミュエル・スマイルズ　うーん……。

大川紫央　スマイルズさんは、今もイギリスの霊界《れいかい》にいらっしゃるのですか。

サミュエル・スマイルズ　まあ、あちこち、まあ、ぼちぼち。そろそろね、ほかの活動もしなきゃいけない時期ではありますよね。

大川紫央　うん、そうですね。

サミュエル・スマイルズ　まあ、今ちょっと、計画もありまして。考えていることもあるんですけどね。

大川紫央　そうなんですか。

サミュエル・スマイルズ　うん。幸福の科学の教えは、非常に私の考えに近いところがあるんでね。何らかの縁《えん》を持ちたいなというのは思ってはいるんですけどねえ。だって、似てるでしょう?

大川紫央　似ています。

神武　そうですね。

サミュエル・スマイルズ　今の時代にねえ、こんな社会福祉《ふくし》ばっかり言う、「国家社会主義化」してくるような流れや風潮のなかで、西洋、欧米《おうべい》もね？　このなかで、「自助論」をまだ言い続けているんですから。まあ、それは、若いころに、渡部昇一《わたなべしょういち》氏その他から影響《えいきょう》を受けたといっても、この年になってまだ言い続けている以上、（大川隆法総裁）本人の基本的思想に近いと考えるべきでしょうねえ。

まあ、そういうことであれば、「幸福の科学なんかにも縁が、できたら、あるべきだな」というふうに、自分では思っておりますけどね。

神武　地上に、すでにお生まれになっていたりしないのですか。

サミュエル・スマイルズ　うーん……。というよりも、まあ……。

大川紫央　「生まれたい」と？

サミュエル・スマイルズ　「これから出ようかな」と思っているあたりですね。

大川紫央　なるほど。

サミュエル・スマイルズ　「これから出てもいいかな」という感じですかね。

うーん、まあ、この前が、ちょっとね、そんなに昔でもないのでね。

大川紫央　一八一二年から一九〇四年。

サミュエル・スマイルズ　うん。だから、百年ちょっとですからねえ。で、そろそろ、今、いいころかなという気もするんですが。

「日本が、もう一度、発展期に向かうなら、いい感じ。もう没落《ぼつらく》するなら、ちょっとどうかな」とは思いますがね。

もう一度、繁栄をもたらしたいんでしょう？　だから、「近代の繁栄のもと」みたいなのを、もう一回入れたいんだろうなあと思うから。何か、今はちょっと、考えているところですけどね。なんか、縁を持ちたいなあと思っているんですけどね。

大川紫央　ぜひ。ＨＳＵ（ハッピー・サイエンス・ユニバーシティ）もありますし。

サミュエル・スマイルズ　思想的に、すごく惹《ひ》かれるものはあります。

まあ、あまり細《こま》かいところに入りますと、あと、また〝秘匿霊言《ひとくれいげん》の、また秘匿霊言の秘匿霊言〟になりますから。

「女帝《じょてい》が活躍《かつやく》するときは、周りに優秀《ゆうしゅう》な男性がいることが多い」

神武　イギリス関連で、ヴィクトリア女王の時代も、また、イギリスのピークの時代だと思うのですが、スマイルズさんからご覧になって、どのように感じられますか。

サミュエル・スマイルズ　「女王のときがいい」っていうのも、まあ、不思議な感じですけどねえ。うーん。

まあ、「女性が輝《かがや》いていた時代」っていうのは、そんなに数多くありませんからねえ。

大川紫央　珍《めずら》しく、イギリスも女帝《じょてい》が活躍《かつやく》していたときがわりと多いのですが。

サミュエル・スマイルズ　たいてい、そういうときは、ほんとは周りにねえ、男性の優秀《ゆうしゅう》な方がいることが多いんですけどね。

大川紫央　なるほど。

サミュエル・スマイルズ　そして、女帝をこう……。

大川紫央　補佐《ほさ》している。

サミュエル・スマイルズ　みんなで支えようという感じ。

上に、能力の低いっていうか、性格の悪い男の王様とかがいたら、だいたい、みんな殺されちゃうのでねえ。女性だから、やれる場合もあったりして。

ただ、そういう人が仕えたっていうことは、立派なあれで、確かに、〝天照《あまてらす》的な要素〟はあるんじゃないでしょうかねえ。
まあ、そういう方はいらっしゃるでしょうねえ。これは、地獄《じごく》的なものだとは思っていませんけどね。

今、イギリスに責任を持っている霊人《れいじん》とは

大川紫央　今、いちばんイギリスを目にかけていらっしゃる神様というか、光の天使として……。

サミュエル・スマイルズ　はあー（大きく息を吐《は》く）。イギリスをいちばん……。

大川紫央　見ている方というのは、どなたがいらっしゃるのですか。
例えば、北米だと、トス神と教えていただいているのですけれども。

●トス神　地球神エル・カンターレの分身の一人。約1万2千年前、アトランティス文明の最盛期を築いた大導師。現在、北米の霊界を司《つかさど》っている。『太陽の法』『イエス　ヤイドロン　トス神の霊言』（共に幸福の科学出版刊）等参照。

サミュエル・スマイルズ　ああ、はい。

大川紫央　●ジョン・レノンやオスカー・ワイルドも、イギリスはイギリスなのですが、いちおう、イエス様も見てくださってはいるのでしょうか。

サミュエル・スマイルズ　いや、そんなに見ているとは思いませんねえ。

神武　シェークスピアとか……。

サミュエル・スマイルズ　いや、それは無理でしょう。

神武　もう、時代が……。

●ジョン・レノンやオスカー・ワイルド……　過去の霊査《れいさ》では、共にイエスの魂と関係があるとされている。『ジョン・レノンの霊言』『オスカー・ワイルドの霊言』(共に幸福の科学出版刊)、『メタトロン・ヤイドロンの霊言』(宗教法人幸福の科学刊)参照。

サミュエル・スマイルズ　そういうあれじゃないから。

大川紫央　ヘルメス様は……。

サミュエル・スマイルズ　いやあ、やっぱり、今はチャーチルあたりが責任を持っているんじゃないですかねえ。

大川紫央・神武　なるほど。

サミュエル・スマイルズ　だから、フランスに滅《ほろ》ぼされる寸前でしたからねえ。いや、フランスじゃなくてドイツですね。

●ヘルメス　地球神エル・カンターレの分身の一人。ギリシャ神話で「オリンポス十二神」の一柱《いっちゅう》として知られる神であるが、約4300年前にギリシャに実在した英雄。「愛」と「発展」の教えを説き、全ギリシャに繁栄をもたらした。

大川紫央　チャーチルやエリザベスやサッチャーは、同じような霊界《れいかい》なのですか。ちょっと違《ちが》いますか？

サミュエル・スマイルズ　うーん。いやあ、今はちょっと、チャーチル……。

大川紫央　チャーチル様ですね。

サミュエル・スマイルズ　政治的にはチャーチルあたりが見ている感じはするんですけどね。チャーチルあたりで、まあ、リンカンぐらいの格はあるんですよ。

大川紫央　ああ、そうなんですか。

サミュエル・スマイルズ　ええ。

大川紫央　●チャーチルの過去世《かこぜ》は、釈尊《しゃくそん》のお父さんですしね。

サミュエル・スマイルズ　だから、意外にね、九次元霊っていうのは、そういう統治の側にいないことが多くて。どちらかといえば、「革命」とか、「革新」とか、ああいう、新しい、まだ〝未知のこと〟のほうに手を出していく人が多くて。それから、「後《のち》の時代」のための伏線《ふくせん》を敷《し》くような人が多いんですよね。

大川紫央　多いですよね。

サミュエル・スマイルズ　現在ただいまの統治をやるような人は、そういう人でな

●チャーチルの過去世は……　チャーチルは、以前の霊言で自らの過去世《かこぜ》を釈尊の父・シュッドーダナ王だと述べている。『「忍耐の時代」の外交戦略 チャーチルの霊言』（幸福の科学出版刊）参照。

いことのほうが多いですしねえ。

大川紫央　なるほど。

サミュエル・スマイルズ　まあ、ドイツから護《まも》ったということで、まだ百年たってないからねえ。まだ、チャーチルあたりが中心的に政治を見ているんじゃないですかね。

ほかにも、有力な方は何人もいらっしゃいますけどね。やはり、一八〇〇年代から一九〇〇年代ぐらいの有力な方が見ているような気がしますね。

古い時代は、そんなにいないんですよ、イギリスもね。ずっと古い時代は。

大川紫央　あっ、そうですか。日本で言うと、鎌倉《かまくら》時代ぐらいからの歴史が、いわゆるイギリスの歴史ということですよね。

サミュエル・スマイルズ　そうそう。

王様はね、それはシェークスピアで言う王様みたいなのがねえ、いっぱいいることはいるけど、時代がもう、ずれてきているので、そんなに指導できるとも、必ずしも言えない。

シェークスピアの作品が教えていたこと

大川紫央　シェークスピア様も、イギリスの王についての戯曲《ぎきょく》などをたくさん書かれていらっしゃるようなのですが、イギリスの王様も、天国・地獄、さまざまに分かれているという感じなのでしょうか。

サミュエル・スマイルズ　いちおう教えようとしたんでしょう。そういう……。

大川紫央　そういうことを。

サミュエル・スマイルズ　そう。だから、まあ、ある意味で、『論語』とかに当たるものだと思うんですよ。「帝王学のあり方」を、いろんな戯曲で、王様を描《えが》き出して、何と言うかねえ、王たる者の運命をいろいろ描いて、勉強させようとしたんじゃないでしょうかねえ。

あと、「愛」と「権力」の問題も、かなり追究はしたんでしょうから。

大川紫央　分かりました。

ヘンリー八世、エリザベス女王、

アン・ブーリン、メアリー・ブーリンの共通項《こう》

サミュエル・スマイルズ　で、結論的には、ヘンリー八世、エリザベス女王、それ

から……。

大川紫央　アン・ブーリン。

サミュエル・スマイルズ　アン・ブーリン。それから、何とか、もう一人いたか、えっと……。

大川紫央・神武　メアリー・ブーリン。

サミュエル・スマイルズ　メアリー・ブーリンか。

大川紫央　メアリー・ブーリンさんは、二〇二〇年一月十八日に収録された「メアリー・ブーリンの霊言」ではマグダラのマリアさんの魂とつながりがある……。

サミュエル・スマイルズ　どうですかね。●マグダラのマリアが、（イエスの）子供をねえ。（イエスが）結婚《けっこん》したりする相手で、そういう相手でよかったかどうか、まあ、微妙《びみょう》なところはありますね。（著者注。霊査《れいさ》については、結論保留）

だから……、うーん、みんな、共通項《こう》は、「追放」とか、「挫折《ざせつ》」とか、まあ、そんなのがあるのかもしれないけれども。確かに〝シェークスピア領域〟かもしれませんね、このへんは、もう、本当はねえ。

●**マグダラのマリアが……**　2020年1月11日収録の「マグダラのマリアの霊言」では、マグダラのマリアが、イエスの子を身ごもり、女の子を産んだことを述べている。

3　イギリスの繁栄《はんえい》のもとにあるものは何か

「イギリスの繁栄」と「ヘルメスの繁栄」について

大川紫央　「新しい教会を建てた」と言いつつも、「信仰《しんこう》で建てた」というよりは、やはり、「この世の統治の仕方や権力の争いといった面で建った」ところが大きいのかなという気はしますね。

サミュエル・スマイルズ　うーん。まあ、あえて言えば、「もっともっと昔には、北欧《ほくおう》とか、あちらのほうに中心があったときもあった」ということは言えるかと思いますけどねえ。

「ヘルメスの繁栄《はんえい》」は、本当は、地中海から、せいぜいオランダぐらいまでしか及《およ》んでないかもしれませんが（笑）。「バイキングの繁栄」でもないかもしれませんがねえ。

大川紫央　ああー、なるほど。だから、「ヘルメス的な繁栄」と、イギリスのその時代以降の「ヨーロッパの繁栄」とで、また性質が違《ちが》うところはあるということですかね。

サミュエル・スマイルズ　そうだし、十字軍で長らく戦っているから、イスラム教とも、またこれ、一つの対立軸《じく》はあるわねえ。

大川紫央　そうですね。

サミュエル・スマイルズ　だから、「一緒《いっしょ》の人物が行ったり来たり」っていうのは、ちょっと考えにくい部分もありますけどねえ。ええ。
まあ、キリスト教が侵入《しんにゅう》していったのはそのとおりなんですけどね。うーん、イエスがイエスじゃなくなってるんですよね、本当はね。

大川紫央　まあ、確かに……。

サミュエル・スマイルズ　ええ、イエスはイエスじゃないんで。

大川紫央　後世では、〝つくられたイエス様〟になっているところはありますよね。

サミュエル・スマイルズ　ええ。神様に祈《いの》るための、何と言うかねえ、門みたいになっているイエスなんですよね。神が分からないから、イエスを通して奥《おく》の神に祈っている感じなんですよねえ。

そういうイエス自身としても〝負ける神〟だから、本当は「繁栄の神」と「一身に〝同居〟する」のは難しい感じはするんですけどねえ、ええ。

うーん、まあ、このへんは、ちょっと、私の分限《ぶんげん》は超《こ》えるかもしれないので、それは別の方に訊《き》いていただかないと無理かもしれませんけれども。

スマイルズは誰《だれ》から指導を受けていたのか

神武　明かせる範囲《はんい》で結構なのですけれども、スマイルズ様も、イギリスの繁栄をつくった面があると思います。そのイギリスの繁栄について、その当時は、どなたからご指導を受けていたのですか。

サミュエル・スマイルズ　そうですねえ……。（約十秒間の沈黙《ちんもく》）まあ、うーん、ちょっと、私のような人がずばりいたわけではないので。うーん……、まあ、うーん。

（約五秒間の沈黙）うん、まあ、あえて言えば、「仏教」と「キリスト教」の〝交差点〟みたいなものなんで、私自身は。「仏教的な思想」と「キリスト教的な思想」が交錯《こうさく》するところに位置しているんですよねえ。たぶん、過去に行くほど、そういう産業革命の時代はないからね、長らくねえ。そういうものはないので……。

大川紫央　やはり、その『自助論』的な教えは、釈尊《しゃくそん》とか……。

サミュエル・スマイルズ　どっちかというと、トス様のほうにちょっと近いのかなあ。

大川紫央　へえー。

サミュエル・スマイルズ　ご指導していたとすればね。

大川紫央　なるほど。

サミュエル・スマイルズ　あちらのほうの感じも、ちょっと来て入っていたような感じはするんですけどねえ。

大川紫央　「アメリカの繁栄」の考えとも、相通じるところがあるということでしょうか。

サミュエル・スマイルズ　そうそうそう、あちらも。そのまま、この考えがアメリカに行っているんですよ。

大川紫央　そうですね。

神武　なるほど。

サミュエル・スマイルズ　ええ。『自助論』はね、イギリスで廃《すた》れていって、アメリカへ行っているんですよ、次。ええ、第二次大戦のころからアメリカに移動していっているんで。

大川紫央　「アメリカン・ドリーム」のもとなのでしょうか。

サミュエル・スマイルズ　そうなんですよ。

今、日米が同盟して、くっつこうとしているんですけどね。まあ、いいと思いますよ。「トス的なもの」と「●ラ・ムー的なもの」が、今、一つにまとまろうとし始めているんだと思うんですよ。

●ラ・ムー　地球神エル・カンターレの分身の一人。約１万７千年前に太平洋上に存在したムー大陸に栄えた帝国の大王であり、宗教家 兼 政治家として、ムー文明の最盛期を築いた。『公開霊言 超古代文明ムーの大王 ラ・ムーの本心』（幸福の科学出版刊）参照。

大川紫央　なるほど。

サミュエル・スマイルズ　だから、ずばり、私みたいな人間がいたわけではないけど。産業革命期は、この二千年間ないので。特に、最近の一七〇〇年代から以降を除けばないので。

直接にではないけれども、「繁栄の神」としては、トスがいることはいるし。ヘルメスも「繁栄の神」ではありますが、イエスを指導していたヘルメスは、教会の発展には影響《えいきょう》はしているけれども、イエス自体がそこまで辿《たど》り着いていたかどうかは分からないですし。イエスがああいうかたちでいったあとに、（ヘルメスは）またイスラム教とも関係しているようでもあるので。

うーん、ヘルメスは、どっちかというと、まあ、商売は好きなほうですからねえ。イエスのときには、ちょっとそこまで行かなかったですよねえ。

大航海時代に世界宗教となったキリスト教

サミュエル・スマイルズ　うーん、まあ、だから、「大航海時代」も、いい意味で言えば、「ヘルメス的な思想」は入っていると思うんですよ。

大川紫央　貿易のやり取りをしているという意味で……。

サミュエル・スマイルズ　悪い意味で言えば、レプタリアン的なものも入っているとは思うんですが。

大川紫央　確かに、両方が入っている感じですよね。繁栄した面と、功罪両方ある感じなのでしょうか。

●レプタリアン　爬虫類的性質を持つ宇宙人の総称。「力」や「強さ」を重視し、一般に攻撃性、侵略性が強い。『ザ・コンタクト』（幸福の科学出版刊）等参照。

サミュエル・スマイルズ　その貿易のなかで、キリスト教が世界に広まった面もあるでしょう？

大川紫央・神武　はい。

サミュエル・スマイルズ　「世界宗教」になったのは、その「大航海時代」と関係があるんで、キリスト教はね。そうでなければ、もうとっくに終わっている宗教ですよね。イスラム教が起きたあたりで、もう終わっている宗教かもしれないと思うんですけどね。

それが、「スペインやポルトガルによる大航海時代」と、「イギリスによる大航海時代」と、両方から起きたために、キリスト教による繁栄が生き延びた感じはしますねえ。うーん、これがなければ、もう難しかったでしょうねえ。イスラム教に完全に乗っ取られたんじゃないでしょうかね。

だから、そういう意味では、イスラム教一極支配を止めたとすれば、確かに、イギリスの繁栄はあったかもしれませんね。

大川紫央　はい。

サミュエル・スマイルズ　ローマだけだったら近すぎて。「大ローマ帝国《ていこく》の崩壊《ほうかい》」が、「イスラム教による世界支配」とつながってしまったものはあると思うんですよねえ。だから、「イギリスがあった」ということが、キリスト教が潰《つぶ》れなかった理由でもあるような気はするんですけどね。もちろん、東洋のほうにも核《かく》はあったから、東洋から、また攻《せ》めてくるものもありましたですけどねえ、うーん。

まあ……、習近平《しゅうきんぺい》もずいぶん悪くは言われてはいますが、支配欲がないと広がらないところもあるから、何とも言えないものはあるけれども。

中国で、今、広げるものがあるかっていうと、「中国語」と、「共産主義的な考え」と、「中華料理《ちゅうか》」ぐらいしかないですよねえ。だから、高みがちょっと足りてはないんですけどね、今ね。文化的なものが滅《ほろ》ぼされているから、文化的高みがないんでねえ。だから、世界帝国を目指す「核」になるものがない。ないですよねえ、ちょっとね。今、欧米ともぶつかると思いますけども、核になるものがちょっと足りないような気はしますがねえ。

スマイルズが天上界《てんじょうかい》で波長《はちょう》の合う人物とは

大川紫央　スマイルズ先生のお考えは、ナポレオン・ヒルとは、やや違うようにも感じますが、いかがでしょうか。いろいろな人をたくさん研究して、成功の秘訣《ひけつ》を書いているという点、似ているところはありますが。
福沢諭吉《ふくざわゆきち》や二宮尊徳《にのみやそんとく》とも、ずばり同じではないような……。

サミュエル・スマイルズ　いや、いや、わりに同時代なんで。同時代なんで、そんなに変わらない時代なんで。それは、似たような人がいっぱい出ている。そういう「啓発型《けいはつ》」の人たちはねえ、出ているし、それのもとは、「近代哲学《てつがく》」とかからも出ているし、そのもとは、ローマやギリシャのほうから来ているものだろうとは思うし。そのもとは、確かに、「エジプトの繁栄」とかにも寄与《きよ》したものであり、そのもとは、アトランティスとかまで行くとは思いますけどねえ。

大川紫央　なるほど。では、神から遣《つか》わされた、繁栄のポイントを教えてくれるような方々ですか。

サミュエル・スマイルズ　ええ。ただ、まあ、大して偉《えら》い人ではないですよ。イギリスに行って、今、「サミュエル・スマイルズ」って言ったって、もう分からないですから。

大川紫央　（笑）前の霊言《れいげん》のときも、そうおっしゃっていました。

サミュエル・スマイルズ　あっ、そうですか。

大川紫央　はい（笑）。

サミュエル・スマイルズ　まだ、日本なら、福沢諭吉で分かるんでしょ？

神武　はい。

大川紫央　まだ、そうですね。大学があったりします。

サミュエル・スマイルズ　福沢諭吉なら分かるが、もう分からなくなっている人もいるでしょ、おそらく、そのころの思想家とかで。まあ、その程度のもんですから。
歴史には、「無名の菩薩《ぼさつ》」はたくさんいるんですよ。
ああいう感じの人とは……、まあね、それは、「二宮尊徳さん的な人」とかは、
波長《はちょう》は合いますけどねえ。

大川紫央　霊界《れいかい》などでも会いますよね。

サミュエル・スマイルズ　波長は合う。波長はとても合うので。似たような位置は占《し》めているかなあとは思いますけどねえ。

大川紫央　分かりました。

サミュエル・スマイルズ　まあ、「繁栄のもと」ですよね。もとのところですから。

若干《じゃっかん》、人間的な努力のほうにウエイトを置きすぎて、「神に祈るだけ」とかいうふうなのからは離《はな》れてはいますけどね、少し。

大川紫央　ただ、根底には神の子である自分があり、そこを磨《みが》きつつ、自《みずか》ら努力すれば、道を拓《ひら》いていくことができるというところですよね。

サミュエル・スマイルズ　すべてを神にお願いするだけだったら。

大川紫央　それでは駄目《だめ》ですし。

サミュエル・スマイルズ　人口がこんなに……。たぶん、百年前の人口は十億人とか、二十億人いたかなあ？　まあ、そんなものだろうから。それが今、八十億人近くになっていますからねえ。

やっぱり、人間たちが自らの努力で富を増やしていかなければ、繁栄はできませんよね。

4　新しいリーダー輩出《はいしゅつ》に成功したスマイルズ

天上界《てんじょうかい》の霊人《れいじん》たちとの交流について

大川紫央　佐藤順太《さとうじゅんた》先生のことは知っていますか。

サミュエル・スマイルズ　まあ、存じ上げてはおりますが、ちょっと隠遁者《いんとんじゃ》の傾向《けいこう》がある方なので、そんなに交際的な方ではないですね。交際したがることは……。

大川紫央　でも、ご存じではあるのですね。

サミュエル・スマイルズ　ええ。それは聞いてはおりますから。

●佐藤順太　英語教師。旧制中学で教鞭《きょうべん》を執《と》り、戦時中は隠棲《いんせい》していたが、戦後、英語教師の需要増加により復職。教え子の一人である英語学者の渡部昇一《わたなべしょういち》氏が生涯の恩師と仰ぐほど、その知的な生き方は大きな影響を与えた。『新しい霊界入門』(幸福の科学出版刊)参照。

大川紫央　なるほど、なるほど。

神武　天上界《てんじょうかい》に還《かえ》られた渡部昇一《わたなべしょういち》先生とはお会いされましたか。

サミュエル・スマイルズ　ああ、ああ、ああ。それは存じています。あちらの、ベンジャミン？

大川紫央　はい。

サミュエル・スマイルズ　ベンジャミンも知っているから。

ああ、ベンジャミンなんかも似たようなものだと思いますけどね。

●ベンジャミン・フランクリン（1706～1790）　アメリカの政治家、外交官。アメリカ独立宣言の起草や憲法制定などに参加。建国の父の一人として讃《たた》えられている。科学者、哲学者としても多くの功績を遺《のこ》した。渡部昇一氏の過去世の一つとされている。

大川紫央　そうですね。

サミュエル・スマイルズ　仲間ですよね、ほぼね。

だから、そういう、いろんな国で「火付け役」になった人はたくさんいるので、数はね、けっこう何十人もいるんじゃないですかね。

大川紫央　ハマトンもいます。

サミュエル・スマイルズ　ちょっとあれは、少し、どうでしょうかね。

大川紫央　（笑）

サミュエル・スマイルズ　まあ……。いやいや、具体的に問題が出てくるといけな

●ハマトン（1834～1894）　イギリスの思想家、作家、美術評論家、芸術家。主著『知的生活』は、イギリスを中心に、知識階級に多大な影響を与えた。『ハマトンの霊言　現代に知的生活は成り立つか』（幸福の科学出版刊）参照。

い。

大川紫央　あっ、そうですね。生まれ変わって、今、生きていらっしゃるから。

身分にかかわらず、努力した者が上がってくる時代

サミュエル・スマイルズ　だから、「国王とかね、君主とか、そういう王様とかがね、国を繁栄《はんえい》させた」という思想が歴史的にはあるけど、そういうのから、やはり、「身分にかかわらず、努力した者が上がってくる時代」をつくろうとしたわけで。

大川紫央　でも、これも一種の変遷《へんせん》ではあるということですよね？

サミュエル・スマイルズ　うん、うん。

大川紫央　「地球としての文明がいろいろ起こっては廃退《はいたい》して」というのを繰《く》り返すなかで、どちらがよい悪いというよりは、「文明の変遷として、人類がより進化してきている」ということですよね。

サミュエル・スマイルズ　いや、昔は王様でなければ、王様に仕える大臣ぐらいで、ある程度の身分のところに生まれないかぎり仕事ができなかった人がね、今、「会社」とか、そういうものをつくることによって、仕事ができるようになったりしていますからね。

その意味では、日本で言えば、ルーツはやっぱり坂本龍馬《さかもとりょうま》、岩崎弥太郎《いわさきやたろう》、このあたりがちょっと近いところもありますねえ。「カンパニー」、「コンパニー」をやってというやつですね。

だから、国とか、そういう土地による境界線じゃなくて、カンパニーという、まあ、ちょっと目に見えないものができて、それが国を超《こ》えて世界にも広がるような、そういう考え方でしょ?　そういうのをつくっている。

大川紫央　そうですね。

　コンピュータでユートピアづくりを目指す者、
　コンピュータを支配の道具にする者

大川紫央　交通の便も発達したり、いろいろな国と連絡《れんらく》を取り合えたりするようになり始めると、「身分や国に縛《しば》られて、どう頑張《がんば》ってもそれ以上行けない」というのは、神様が見ても、きっと「かわいそうだ」と思われますよね。

サミュエル・スマイルズ　だから、もし、トマス・モアがね……。

大川紫央　ビル・ゲイツ。

●トマス・モアがね……　2020年1月15日収録の「トマス・モアの霊言」では、トマス・モアがビル・ゲイツとして生まれ変わっている可能性が示唆された。

サミュエル・スマイルズ　ビル・ゲイツのような方になるとすれば、「コンピューターを使うことにより〝ユートピアづくり〟を目指している」のと、片や「コンピュータを使って〝地獄《じごく》づくり〟するのが出てくる」という、そういう戦いが時代を変えて起きてくるわけですよね。昔の「王権」対「法王権」の戦いだったのが……、「教皇権」の戦いだったのが、次は「コンピューター」を使っての戦いになって。

大川紫央　コンピューターを使うことで、人民に「自由」とか……。

サミュエル・スマイルズ　「豊かさ」を与《あた》えて……。

大川紫央　豊かさを提供しようとする人と、それを駆使《くし》し、道具にして、監視《かんし》して支配しようとする人と……。

サミュエル・スマイルズ　そうそう。「支配の道具」にする。やっぱり、現れていくんですよね。何でも新しいものも、両方出てくるので。

だから、カンパニー制も、国を超えた、何て言うか、別の意味での群雄割拠《ぐんゆうかっきょ》からの巨大国《きょだいこく》をつくる運動なんかにも、つながってはいますよねえ。昔は王様でなければいけなかったものが、日本で言えば、坂本龍馬らが「海軍をやる」とか、あるいは、「商社をつくる」とか言って、岩崎弥太郎がつくってみたいな感じの流れと、私らの、産業革命以降の貿易等で大を成《な》していくものとかも、似たようなものだとは思うしね。

大川紫央　〝下からの繁栄〟もありうるということですよね。

サミュエル・スマイルズ　そう。

大川紫央　「上からの繁栄」だけではないのですね。

「私たちは、この世を『人材をつくる道場』に変えた」

サミュエル・スマイルズ　日本の明治以降に当たる時期に、私たちは磨《みが》き上げて人材をたくさんつくったんですよね。

だから、この世というものを「人材をつくる道場」に変えたんですよ。

神武　なるほど。

サミュエル・スマイルズ　あの世ではなかなかできないことを、この世で人材を〝揉《も》み合う〟ことで磨き上げるというかなあ、そういう新しいリーダーを数多く輩《はい》出《しゅつ》することに成功したんですよね。

大川紫央　なるほど。それは、普通《ふつう》の私たちからすると、とてもありがたいことですよね。

サミュエル・スマイルズ　日本の第二次大戦以降の繁栄には、例えば、アメリカのピーター・ドラッカー先生なんかの思想も大きいですよねえ。「経営学」を教えて、会社がつくれて大きくしていける方法を学んで、どんどん会社がいっぱい広がっていっているようなところもあるしね。

いや、だから、変わってきたんです。「昔の王様」が言ったようなことが、やっていたようなことが、「思想家」とか、あるいは、「会社の経営者」とか、そういうもののほうの手に移ってきているところもあるんですよね。

昔は「剣《けん》」が強かったらよかったのが、「コンピュータ」が使えたりとか、「新しい発明」ができたりとか、「新製品」をつくったりとか、そんなものに移ってきたりもしているしね。

まあ、これから宇宙時代にまた、次のイノベーションが起きるでしょうけどね。

5　国民が繁栄《はんえい》する時代へ

同時代には分からなくても、「時代が選んでくる」ところはある

大川紫央　今は、総裁先生の人生を勉強させていただくだけでも、非常に勇気づけられ、「田舎《いなか》に生まれても、自分の努力や勉強、志《こころざし》等によって、たくさんの人々に幸せを提供していけるようになれる」ということが学べます。

サミュエル・スマイルズ　まあ、〝サンタクロース〟になりたければね、やっぱり、北欧《ほくおう》のどこかで〝プレゼントづくりの工場〟をつくらなきゃいけないわけでして（笑）。そのプレゼントづくりの工場をつくるには、やっぱりねえ、数多くの材料を集めてきて、その仕込《しこ》みをしなきゃいけないわけで。

多くの人々を豊かにするために、その新しいプレゼントをあげるためには、やっぱり、しっかりと自分でその準備をしなきゃいけない。

今は、一人の人間ができることがね、影響力《えいきょうりょく》としてはとても大きくはなってきていますよ。

幸福の科学でも、「まだまだ大きくならない」と言って嘆《なげ》いてもいるけれども、まあ、釈迦《しゃか》やキリストの時代に比べれば、いやあ、けっこうな影響力は持ってきてはいると思いますよ。

同時代だから分からない部分もありますけどね。ほかにも類似《るいじ》したものがあるから分からないかもしれないけれども、後世から見れば、そんなことはなくて、はっきり分かる。

だから、シェークスピアの劇がね、同時代の他の人の劇と圧倒的《あっとう》に違《ちが》うようにね。モーツァルトの音楽が、ほかの音楽とは違うようにね。ロックといっても、ビートルズのは、ほかのものとは違うようにね。同時代に、けっこう今、流行《はや》っていると思いますよ、私の目から見てね。

ただ、ほかにも、そういう流行っているようなものはいっぱいあるから、みんな、見分けがそうつかないけれども、だんだん、それは時代を経《へ》るにつれて、はっきりと、廃《すた》れていくものは廃れていきますので。廃れないものがあったら、それで分かってきますよね。

そういう意味で、「時代が選んでくる」っていうところはあると思うので。

私は、決して、成功していないとか、後《おく》れているとか、失敗しているとか、そういうふうには思わないし、一人の人間の生き方としては、いやあ、けっこうな……。

まあ、日本の四国の一県から生まれて、世界的なものをつくろうとしているのは、それは、すごいですよ。ある意味での、違った意味で、思想の次元でも〝世界帝《てい》国《こく》〟をつくろうと、今やっているわけですからね。

一定の年数を持ち堪《こた》えたら、競争していたほかのものが消えていって、残ったものは大きくなると思いますよ、必ずね。それは、時間は近づいているような気がしますよ。

だから、立派なんじゃないですかね。

大川紫央　分かりました。

サミュエル・スマイルズ　で、私の思想なんかも一部採用してくれているとしたら、うれしいなあと思っています。はい。

大川紫央　はい。ありがとうございます。

今は、考えようによっては面白《おもしろ》い時代

サミュエル・スマイルズ　英国国教会の問題からちょっと難しくなりましたが、まあ、「宗教の判定」のところは、私の任にはないかもしれませんけれども、うーん。

大川紫央　英国国教会自体が悪いというわけではなく、英国国教会のなかで、しっかり信仰《しんこう》を持ってやっている方々には、天上界《てんじょうかい》の光はきちんと届いていると思います。

サミュエル・スマイルズ　まあ、（イギリスは）立憲君主制がまだ続いているからね、日本と同じような体制ではあるんですけどね。本当は、下から力を持って上がってくる者がいる。

貴族制もまだあるからねえ。イギリスの場合は、日本と違って貴族も残ってはいるので。「オックスフォードだ」「ケンブリッジだ」に行くのには、やっぱり貴族の子弟《してい》でないとなかなか行けないんでしょう？　本当はね。その意味では、日本のほうが、もうちょっと自由になってはいますよね。

大川紫央　そうですね。

サミュエル・スマイルズ　それから、新天地としての「アメリカ」という開拓地《かいたくち》を与《あた》えられたわけだしね。そういう〝面白《おもしろ》い実験〟が、今なされているとは思うし。

中国だって、実は、共産党はもう崩《くず》れるしかないんですよ。今は中国南部を中心に資本主義化していますよ、はっきり言ってね。台湾《たいわん》もそうだしね。

結局、似たような感じになってくるんじゃないですかね。名のあるビジネスマンが、そのうちいっぱい出てきますから、中国もね。国営でやっているけれども、国営じゃなくなると思いますから。みな、「金儲《かねもう》け」に邁進《まいしん》していて、〝神のない金儲け〟をやっていますけれども、それだけじゃ駄目《だめ》で。「金儲け」と両立するような「道徳心」というか、「倫理観《りんり》」が必要になってくるはずですので。

まあ、おそらく、それは、幸福の科学の思想が入るんじゃないかな。そういうふうに私は思っていますけれどもね。きっと入ると思いますよ。もう、仕事を半分はやったんじゃないかな。台湾、香港《ホンコン》を貫《つらぬ》いて、中国国内に入りますよ、必ず。幸福の科学の思想は入るから。

大川紫央　頑張《がんば》りたいと思います。

サミュエル・スマイルズ　あと、イスラム圏《けん》を少し助ける仕事も残っているんじゃないですかね。

キリスト教はいまだにちょっと力を持っていますけどね。ただ、全体に、西洋化したものは、今、弱体化しつつあるので。これもまた、イノベーションは起きてくるでしょうね。

いや、私は、考えようによっては「面白い時代」だと思いますよ。こんなふうに、自宅の居間で録音したものが世界に届く時代なんですから、珍《めずら》しいですよね。

大川紫央　確かに。

サミュエル・スマイルズ　素晴《すば》らしいと思いませんか。まあ、刀一本でねえ、剣《けん》の腕《うで》で道を拓《ひら》くよりも、私は平和的で面白い時代だと思っていますよ。

「国王の繁栄《はんえい》」ではなく「国民の繁栄」へ

サミュエル・スマイルズ　まあ、『自助論』はねえ、別に、王様がポンッと気前よくみんなを助けてくれてもいいんだけどね。そんなものは続かないから、たいていはね。

王様っていうのは、いつも〝徴税権《ちょうぜい》〟ですよ。税金を取ることで「自分の繁栄《はんえい》」を目指すからね。その「自分の繁栄」でなくて、「国民の繁栄」を目指すほうに持っていかなきゃいけないいから、いろんなシステム変更《へんこう》がなされているということですよね。うん、そういうことなんで。

まあ、このへんを日本は間違えてはいけない、でしょうかねえ。

大川紫央　王様がそういう考え方等について国民を啓蒙《けいもう》し、教育し、教えてくだされば、繁栄するのでしょうけれども、権力や財産等を手にしたら、徳ある王になるほうがだんだん難しくなっていくというパターンが多いということでしょうか。

サミュエル・スマイルズ　うん、まあ、どうしてもね、「地位」と「名誉《めいよ》」と「金」があって努力し続けるなんていうことは、難しいわね。

それから、「自己犠牲《ぎせい》」が分からない人も増えてくるからねえ。そういう身分のある人が、自分の身を投げ捨てて世の中を救おうと努力することの尊さが分からなければね、やっぱり、そうした王制自体が崩れてくるわね。そういうふうに私は思いますけどね。

まあ、女性としては、昔で言えば、結婚《けっこん》以外で身分を上げる方法はなかったのかもしれませんけどね。ただ、今はまた違う道もできつつありますのでね、ええ。

今は血統ではなく、「無名の菩薩《ぼさつ》」の時代

サミュエル・スマイルズ　でも、今は「無名の菩薩《ぼさつ》」の時代なんじゃないですかね。昔、何百年前とか、千年前、二千年前に王様だったとかいうようなことは、ちょっと恥《は》ずかしい時代に入ったと思ったほうがいいんじゃないんですかねえ。「血統だけで言う」っていうのは、やっぱり恥ずかしいことですよね。

大川紫央　時代が変わってきていますからね。

サミュエル・スマイルズ　うん、そうねえ。それを壊《こわ》すために、まあ、「戦国時代」が出たり、「侍《さむらい》の時代」が出たり、「商人の時代」が出たり、いろいろしているん

だとは思いますけどね。

常に、腐敗《ふはい》しない、堕落《だらく》しないものをつくるためには、やっぱり、「努力した者が上がり、怠《なま》けた者が下がるシステム」のなかで、どんどん入れ替《か》わっていく。そういう流動的な社会が拡大していくことが、よろしいんじゃないでしょうかねえ。まあ、そう思いますけどね。

未来のニーズを満たすものしか残らない

サミュエル・スマイルズ　コンピュータ時代に、どうやって光の道をつくるかは、難しいところはあるとは思いますけどね。

でも、基本的に、今、流行《はや》っているように思っても、二十年もしたら廃れていくものも多いですから。コンピュータ系で大を成《な》した会社もいっぱいあるけれども、二十年もしたらなくなっているものも、きっとたくさんあると思いますよ。

だから、「未来のニーズを満たすものしか残らない」と、私は思いますけどね。

一代きりのものが、けっこう多いんじゃないでしょうかね。
まあ……、「地球百億人時代をつくれるか、つくれないか」は、あなたがたにかかっているかもしれませんねえ。

大川紫央　まことにありがとうございました。

サミュエル・スマイルズ　まあ、「菩薩の法」としてはこんなものです。お許しください。

大川紫央　いえいえ！　とても勉強になりました。

神武　大きな視点でお話しいただきました。ありがとうございます。

サミュエル・スマイルズ　いえいえ、大したことは言えません。トス様やヘルメス様も、みんな立派な方ですよ。ご指導いただければいいと思います。はい。

大川紫央　はい。ありがとうございました。

神武　ありがとうございます。

大川隆法　（手を二回叩《たた》く）

あとがき

「天罰《てんばつ》」という言葉はおだやかではないが、世界の軍事紛争《ふんそう》や経済的危機、天変《てんぺん》地異《ちい》、コロナウィルスによる肺炎の拡散などみていると、唯物論の行きすぎ、科学技術「信仰」の行きすぎ、そして「宗教の衰退《すいたい》」が大きくからんでいるように思われる。

自助論は、産業革命期から、七つの海を支配する大英帝国時代に、イギリスを発祥地《はっしょうち》として生まれ、共産主義や、イギリス国内の労働党による社会福祉思想によって完全に忘れ去られていった《トータリー・フォアゴトン》。マーガレット・サッチャー首相時代に、いったん息を吹き返したが、ＥＵ統合で再び忘れられていった。そして世界は「格差《かくさ》」ばかり問題視する左派リベラルに振り回されている。

自由には努力と責任、そして高貴なる義務が伴うものだ。王権神授説《おうけんしんじゅせつ》が通用しない今、民主主義の原点回帰が必要だと思う。

二〇二〇年　二月二十九日

幸福《こうふく》の科学《かがく》グループ創始者兼総裁《そうししゃけんそうさい》　大川隆法《おおかわりゅうほう》

『サミュエル・スマイルズ「現代的自助論」のヒント』関連書籍

『太陽の法』（大川隆法 著　幸福の科学出版刊）

『ザ・コンタクト』（同右）

『新しい霊界入門』（同右）

『現代の自助論を求めて――サミュエル・スマイルズの霊言――』（同右）

『ダイアナ元皇太子妃のスピリチュアル・メッセージ』（同右）

『イエス　ヤイドロン　トス神の霊言』（同右）

『ジョン・レノンの霊言』（同右）

『オスカー・ワイルドの霊言』（同右）

『「忍耐の時代」の外交戦略 チャーチルの霊言』（同右）

『公開霊言 超古代文明ムーの大王 ラ・ムーの本心』（同右）

『ハマトンの霊言　現代に知的生活は成り立つか』（同右）

『大川咲也加の文学のすすめ～世界文学編～（上・下）』（大川咲也加 著　同右）

『自助論――西国立志編――（上・下）』（サミュエル・スマイルズ 著
／中村正直 訳／渡部昇一、宮地久子 現代語訳　同右）

※左記は書店では取り扱っておりません。最寄りの精舎・支部・拠点までお問い合わせください。

『メタトロン・ヤイドロンの霊言』（大川隆法 著　宗教法人幸福の科学刊）

サミュエル・スマイルズ
「現代的自助論《げんだいてきじじょろん》」のヒント

2020年3月7日　初版第1刷

著　者　　大《おお》　川《かわ》　隆《りゅう》　法《ほう》

発行所　　幸福の科学出版株式会社

〒107-0052 東京都港区赤坂2丁目10番8号
TEL(03)5573-7700
https://www.irhpress.co.jp/

印刷・製本　株式会社 堀内印刷所

落丁・乱丁本はおとりかえいたします

ISBN978-4-8233-0151-3 C0030
カバー，帯 Engel Ching/Shutterstock.com
装丁・イラスト・写真（上記・パブリックドメインを除く）© 幸福の科学

ハマトンの霊言 現代に知的生活は成り立つか

あなたの人生に、もっと知的な喜びを──。渡部昇一氏や若き日の著者にも深い影響を与えたP・G・ハマトンが贈る、現代的知的生活の秘訣。

1,400円

ジェームズ・アレンの霊言 幸福と成功について

英語霊言 英日対訳

本当の豊かさとは？ そして人生を変える「思いの力」とは？ 世界に影響を与えた自己啓発の名著『原因と結果の法則』に秘められた真意が明かされる。

1,400円

ヒルティの語る幸福論

人生の時間とは、神からの最大の賜りもの。「勤勉に生きること」「習慣の大切さ」を説き、実務家としても活躍した思想家ヒルティが語る「幸福論の真髄」。

1,500円

ソクラテス「学問とは何か」を語る

学問とは、神様の創られた世界の真理を明らかにするもの──。哲学の祖・ソクラテスが語る「神」「真理」「善」、そして哲学の原点とは。

1,500円

大川隆法ベストセラーズ・AI時代を生き抜くために

智慧の法

心のダイヤモンドを輝かせよ

現代における悟りを多角的に説き明かし、人類普遍の真理を導きだす——。「人生において獲得すべき智慧」が、今、ここに語られる。

2,000円

心に目覚める

AI時代を生き抜く「悟性」の磨き方

AIや機械には取って代わることのできない「心」こそ、人間の最後の砦——。感情、知性、理性、意志、悟性など、普遍的な「心の総論」を説く。

1,500円

創造的人間の秘密

あなたの無限の可能性を引き出し、AI時代に勝ち残る人材になるための、「創造力」「知的体力」「忍耐力」の磨き方が分かる一冊。

1,600円

創造する頭脳

人生・組織・国家の未来を開く
クリエイティビティー

最新の世相・時局を自由自在に読み解きつつ、どんな局面からも「成功」を見いだす発想法を指南! 現代を生き抜くための「実践兵法」をあなたへ。

1,500円

※表示価格は本体価格(税別)です。

大川隆法シリーズ・最新刊

釈尊の霊言

「情欲」と悟りへの修行

情欲のコントロール法、お互いを高め合える恋愛・結婚、〝魔性の異性〟から身を護る方法など、異性問題で転落しないための「人生の智慧」を釈尊に訊く。

1,400円

中国発・
新型コロナウィルス感染 霊査

中国から世界に感染が拡大する新型ウィルスの真相に迫る！ その発生源や〝対抗ワクチン〟とは何かなど、宇宙からの警告とその背景にある天意を読み解く。

1,400円

アメリカとイラン
和解への道

一部
英日対訳

ソレイマニ司令官、トランプ大統領・
ロウハニ大統領守護霊の霊言

アメリカとイランの相互理解は可能か？両国の指導者の主張から、「対立の本質」と「和平への鍵」を読み解く。ソレイマニ司令官の衝撃の過去世も明らかに。

1,400円

ザ・ポゼッション

英語説法
英日対訳

憑依の真相

悪霊が与える影響や、憑依からの脱出法、自分が幽霊になって迷わないために知っておくべきことなど、人生をもっと光に近づけるためのヒントがここに。

1,500円

幸福の科学出版

大川隆法「法シリーズ」・最新刊

鋼鉄の法

法シリーズ
第26作

人生をしなやかに、力強く生きる

自分を鍛え抜き、迷いなき心で、闇を打ち破れ──。

人生の苦難から日本と世界が直面する難題まで、さまざまな試練を乗り越えるための方法が語られる。

2,000円

第１章　繁栄を招くための考え方
──マインドセット編

第２章　原因と結果の法則
──相応の努力なくして成功なし

第３章　高貴なる義務を果たすために
──価値を生んで他に貢献する「人」と「国」のつくり方

第４章　人生に自信を持て
──「心の王国」を築き、「世界の未来デザイン」を伝えよ

第５章　救世主の願い
──「世のために生き抜く」人生に目覚めるには

第６章　奇跡を起こす力
──透明な心、愛の実践、祈りで未来を拓け

幸福の科学の中心的な教え──「法シリーズ」

全国書店にて好評発売中！

※表示価格は本体価格（税別）です。

著者・大川隆法の魅力に迫る

1,400円

娘が語る
大川隆法の**自助努力**の姿

- ◆読書をしている父の姿
- ◆一日の生活スタイル
- ◆教育方針
- ◆大川家の家訓
- ◆世界のために命を懸ける「不惜身命」の姿
- ◆大病からの復活
- ◆「霊言」の真実

娘から見た大川隆法
大川咲也加 著

幼いころの思い出、家族思いの父としての顔など、実の娘が28年間のエピソードと共に綴る、大川総裁の素顔。

自助努力の精神を受け継ぐ幸福の科学の後継者

幸福の科学の後継者像について

大川隆法・大川咲也加 共著

霊能力と仕事能力、人材の見極め方、公私の考え方、家族と信仰──。全世界に広がる教団の後継者に求められる「人格」と「能力」について語り合う。

1,500円

モナコ国際映画祭2020
最優秀作品賞
（エンジェル・トロフィー賞）
モナコ国際映画祭2020
最優秀主演女優賞
モナコ国際映画祭2020
最優秀助演女優賞
モナコ国際映画祭2020
最優秀VFX賞
心の闇を、打ち破る。
心霊喫茶
「エクストラ」の秘密
—THE REAL EXORCIST—
製作総指揮・原作／大川隆法
千眼美子
伊良子未來 希島凛 日向丈 長谷川奈央 大浦龍宇一 芦川よしみ 折井あゆみ
監督／小田正鏡 脚本／大川咲也加 音楽／水澤有一 製作／幸福の科学出版 製作協力／ARI Production ニュースター・プロダクション
制作プロダクション／ジャンゴフィルム 配給／日活 配給協力／東京テアトル ©2020 IRH Press cafe-extra.jp
2020年5月15日（金） ロードショー

1991年7月15日、東京ドーム。
人類史を変える「歴史的瞬間」が誕生した。
——これは、映画を超えた真実。
夜明けを信じて。
2020年秋 ROADSHOW
製作総指揮・原作 大川隆法
田中宏明 千眼美子 長谷川奈央 芦川よしみ 石橋保
監督／赤羽博 音楽／水澤有一 脚本／大川咲也加 製作／幸福の科学出版 製作協力／ARI Production ニュースター・プロダクション
制作プロダクション／ジャンゴフィルム 配給／日活 配給協力／東京テアトル ©2020 IRH Press

幸福の科学グループのご案内

宗教、教育、政治、出版などの活動を通じて、地球的ユートピアの実現を目指しています。

幸福の科学

一九八六年に立宗。信仰の対象は、地球系霊団の最高大霊、主エル・カンターレ。世界百カ国以上の国々に信者を持ち、全人類救済という尊い使命のもと、信者は、「愛」と「悟り」と「ユートピア建設」の教えの実践、伝道に励んでいます。

（二〇二〇年三月現在）

愛

幸福の科学の「愛」とは、与える愛です。これは、仏教の慈悲《じひ》や布施《ふせ》の精神と同じことです。信者は、仏法真理をお伝えすることを通して、多くの方に幸福な人生を送っていただくための活動に励んでいます。

悟り

「悟り」とは、自らが仏の子であることを知るということです。教学《きょうがく》や精神統一によって心を磨き、智慧《ちえ》を得て悩みを解決すると共に、天使・菩薩《ぼさつ》の境地を目指し、より多くの人を救える力を身につけていきます。

ユートピア建設

私たち人間は、地上に理想世界を建設するという尊い使命を持って生まれてきています。社会の悪を押しとどめ、善を推し進めるために、信者はさまざまな活動に積極的に参加しています。

国内外の世界で貧困や災害、心の病で苦しんでいる人々に対しては、現地メンバーや支援団体と連携して、物心両面にわたり、あらゆる手段で手を差し伸べています。

年間約２万人の自殺者を減らすため、全国各地で街頭キャンペーンを展開しています。

公式サイト **www.withyou-hs.net**

ヘレン・ケラーを理想として活動する、ハンディキャップを持つ方とボランティアの会です。視聴覚障害者、肢体不自由な方々に仏法真理を学んでいただくための、さまざまなサポートをしています。

公式サイト **www.helen-hs.net**

入会のご案内

幸福の科学では、大川隆法総裁が説く仏法真理《ぶっぽうしんり》をもとに、「どうすれば幸福になれるのか、また、他の人を幸福にできるのか」を学び、実践しています。

入会

仏法真理を学んでみたい方へ

大川隆法総裁の教えを信じ、学ぼうとする方なら、どなたでも入会できます。入会された方には、『入会版「正心法語《しょうしんほうご》」』が授与されます。

ネット入会 入会ご希望の方はネットからも入会できます。
happy-science.jp/joinus

三帰《さんき》誓願《せいがん》

信仰をさらに深めたい方へ

仏弟子としてさらに信仰を深めたい方は、仏《ぶっ》・法《ぽう》・僧《そう》の三宝《さんぽう》への帰依を誓う「三帰誓願式」を受けることができます。三帰誓願者には、『仏説・正心法語』『祈願文《きがんもん》①』『祈願文②』『エル・カンターレへの祈り』が授与されます。

幸福の科学 サービスセンター
TEL 03-5793-1727
受付時間／
火～金：10～20時
土・日祝：10～18時
（月曜を除く）

幸福の科学 公式サイト
happy-science.jp

ハッピー・サイエンス・ユニバーシティ
Happy Science University

ハッピー・サイエンス・ユニバーシティとは

ハッピー・サイエンス・ユニバーシティ（HSU）は、大川隆法総裁が設立された
「現代の松下村塾」であり、「日本発の本格私学」です。
建学の精神として「幸福の探究と新文明の創造」を掲げ、
チャレンジ精神にあふれ、新時代を切り拓く人材の輩出を目指します。

人間幸福学部　経営成功学部　未来産業学部

HSU長生キャンパス TEL **0475-32-7770**
〒299-4325　千葉県長生郡長生村一松丙 4427-1

未来創造学部

HSU未来創造・東京キャンパス
TEL **03-3699-7707**
〒136-0076　東京都江東区南砂2-6-5　公式サイト **happy-science.university**

学校法人 幸福の科学学園

学校法人 幸福の科学学園は、幸福の科学の教育理念のもとにつくられた教育機関です。人間にとって最も大切な宗教教育の導入を通じて精神性を高めながら、ユートピア建設に貢献する人材輩出を目指しています。

幸福の科学学園
中学校・高等学校（那須本校）
2010年4月開校・栃木県那須郡（男女共学・全寮制）
TEL **0287-75-7777** 公式サイト **happy-science.ac.jp**

関西中学校・高等学校（関西校）
2013年4月開校・滋賀県大津市（男女共学・寮及び通学）
TEL **077-573-7774** 公式サイト **kansai.happy-science.ac.jp**

仏法真理塾「サクセスNo.1」

全国に本校・拠点・支部校を展開する、幸福の科学による信仰教育の機関です。小学生・中学生・高校生を対象に、信仰教育・徳育にウエイトを置きつつ、将来、社会人として活躍するための学力養成にも力を注いでいます。

TEL 03-5750-0751（東京本校）

エンゼルプランV TEL 03-5750-0757

幼少時からの心の教育を大切にして、信仰をベースにした幼児教育を行っています。

不登校児支援スクール「ネバー・マインド」 TEL 03-5750-1741

心の面からのアプローチを重視して、不登校の子供たちを支援しています。

ユー・アー・エンゼル！（あなたは天使！）運動

一般社団法人 ユー・アー・エンゼル TEL 03-6426-7797

障害児の不安や悩みに取り組み、ご両親を励まし、勇気づける、
障害児支援のボランティア運動を展開しています。

NPO活動支援

いじめから子供を守ろうネットワーク

学校からのいじめ追放を目指し、さまざまな社会提言をしています。また、各地でのシンポジウムや学校への啓発ポスター掲示等に取り組む一般財団法人「いじめから子供を守ろうネットワーク」を支援しています。

公式サイト mamoro.org ブログ blog.mamoro.org

相談窓口 TEL.03-5544-8989

百歳まで生きる会

「百歳まで生きる会」は、生涯現役人生を掲げ、友達づくり、生きがいづくりをめざしている幸福の科学のシニア信者の集まりです。

シニア・プラン21

生涯反省で人生を再生・新生し、希望に満ちた生涯現役人生を生きる仏法真理道場です。定期的に開催される研修には、年齢を問わず、多くの方が参加しています。全世界212カ所（国内197カ所、海外15カ所）で開校中。

【東京校】TEL 03-6384-0778 FAX 03-6384-0779

メール senior-plan@kofuku-no-kagaku.or.jp

幸福実現党

内憂外患《ないゆうがいかん》の国難に立ち向かうべく、2009年5月に幸福実現党を立党しました。創立者である大川隆法党総裁の精神的指導のもと、宗教だけでは解決できない問題に取り組み、幸福を具体化するための力になっています。

幸福実現党 釈量子サイト **shaku-ryoko.net**
Twitter **釈量子@shakuryoko**で検索

党の機関紙
「幸福実現NEWS」

幸福実現党 党員募集中

あなたも幸福を実現する政治に参画しませんか。

○幸福実現党の理念と綱領、政策に賛同する18歳以上の方なら、どなたでも参加いただけます。
○党費：正党員（年額5千円［学生 年額2千円］）、特別党員（年額10万円以上）、家族党員（年額2千円）
○党員資格は党費を入金された日から1年間です。
○正党員、特別党員の皆様には機関紙「幸福実現NEWS（党員版）」（不定期発行）が送付されます。

＊申込書は、下記、幸福実現党公式サイトでダウンロードできます。
住所：〒107-0052　東京都港区赤坂2-10-8 6階 幸福実現党本部
TEL **03-6441-0754**　FAX **03-6441-0764**
公式サイト **hr-party.jp**

大川隆法　講演会のご案内

大川隆法総裁の講演会が全国各地で開催されています。講演のなかでは、毎回、「世界教師」としての立場から、幸福な人生を生きるための心の教えをはじめ、世界各地で起きている宗教対立、紛争、国際政治や経済といった時事問題に対する指針など、日本と世界がさらなる繁栄の未来を実現するための道筋が示されています。

2019年12月17日 さいたまスーパーアリーナ「新しき繁栄の時代へ」

2019年10月6日 ザ ウェスティン ハーバー キャッスル トロント（カナダ）「The Reason We Are Here」

2019年7月5日 福岡国際センター「人生に自信を持て」

2019年3月3日 グランド ハイアット 台北（台湾）「愛は憎しみを超えて」

2019年7月13日 ホテル イースト21 東京「幸福への論点」

講演会には、どなたでもご参加いただけます。最新の講演会の開催情報はこちらへ。 ⟹ 大川隆法総裁公式サイト https://ryuho-okawa.org